Emmanuela Kohlhaas

Die neue Kunst des Leitens

Emmanuela Kohlhaas

Die neue Kunst des Leitens

Wie Menschen sich
entfalten können

HERDER

FREIBURG · BASEL · WIEN

Für meine Schwestern

MIX
Papier aus verantwor-
tungsvollen Quellen
FSC
www.fsc.org
FSC® C014496

© Verlag Herder GmbH, Freiburg im Breisgau 2022
Alle Rechte vorbehalten
www.herder.de

Die Bibeltexte sind entnommen aus:
Die Bibel. Die Heilige Schrift
des Alten und Neuen Bundes.
Vollständige deutsche Ausgabe   DIE BIBEL
© *Verlag Herder, Freiburg im Breisgau 2005*

Satz: ZeroSoft SRL, Timisoara
Herstellung: GGP Media GmbH, Pößneck

Printed in Germany

ISBN Print 978-3-451-39282-5
ISBN E-Book 978-3-451-82682-5

Inhalt

Vorwort

Natürlich wusste ich schon immer, was alles zu verbessern sei, was ich alles anders machen würde, wenn ich die Leitung hätte. Bis es mich selbst traf, hat es mich deshalb immer mächtig geärgert, wenn es hieß, nur wer selbst drinsteckt, wer es selbst tut, verstehe wirklich, was Leiten bedeutet. Heute, nach fast zwölf Jahren in einer alle Ebenen des Lebens umfassenden Leitungsrolle, habe ich gelernt, über mich zu schmunzeln. Und manchmal sage ich nun selbst, was mich damals so geärgert hat: „Wer's weiß, wird's wissen." Ja, es braucht Leitungserfahrung, um zu verstehen.

Aber diese Erfahrung ist nicht nur auf der offiziellen Leitungsebene zu finden. Denn es gibt in Familien, Gruppen, Organisationen und Systemen viel verborgene Expertise in der Frage, wie Leitung geht. Oft sind es einfach der gesunde Menschenverstand und das schlichte, geduldige oder gar selbstlose Tun im Kleinen von Menschen, die formell oder informell Verantwortung übernommen haben. Sie lassen „es" gelingen und finden dabei manchmal auch spontan Antworten auf große, scheinbar unlösbare Fragen und Probleme. Um dieses Wissen soll es gehen, um Leitungswissen, um das Know-how, das es braucht, erfolgreich zu leiten. Und „erfolgreich" heißt für mich, so zu leiten, dass sich möglichst alle einbringen, ihre Gaben entfalten können und miteinander das gemeinsame Ziel zu verwirklichen suchen. Gelingende Gemeinschaft und gemeinsames Tun sind sinnstiftend, egal ob im Kloster, im Sportverein, in der Schulklasse oder im Chor, ob in der eigenen Familie, einer Arztpraxis oder einer Firma.

Das hier ist meine Geschichte, erzählt aus meiner Perspektive als Leitung, im Blick auf unsere gemeinsame Geschichte als klösterliche Gemeinschaft. Ich folge der Spur meines eigenen Lernprozesses, meiner Ideen, Träume und Sorgen. Und es geht um die Themen und Fragen, die sich mir als Priorin gestellt haben, die Antworten, die ich gefunden habe, und die Probleme, die ich zu lösen versucht habe. Ich schreibe als eine Frau, die das höchste Leitungsamt in ihrer Organisation innehat, und zugleich als Fachfrau, die sich im Bereich von Coaching, Supervision und Organisationsberatung professionalisiert hat.

Frauen in Führungspositionen sind in den letzten Jahrzehnten in Gesellschaft, Politik oder Wirtschaft viel häufiger geworden, aber immer noch nicht selbstverständlich. Als Frau in der Kirche eine solche Position zu bekleiden, ist höchst außergewöhnlich. Als oberste Leitung ist dies nur in der Sonderwelt der weiblichen Ordensgemeinschaften möglich. Hier ist manches ganz normal, was sonst kaum denkbar ist: Ich wurde demokratisch und auf Zeit gewählt. Was für die Hierarchie der katholischen Kirche unvorstellbar erscheint, ist für uns Orden in derselben Kirche und durch deren eigene Gesetzgebung Pflicht. So leite ich einen weitgehend autonomen Bereich, in dem auch der Diözesanbischof nur wenig Einfluss hat. Ein Bischof sagte uns einmal in einem Gespräch, bei dem wir nicht so wollten, wie er wollte: „Sie sind so selbstständig! Da kann es einem Bischof nur angst und bange werden."

Meine Geschichte gibt Einblick in diese ganz eigene Welt, die so anders ist und doch viel gemeinsam hat mit den Lebenswelten der meisten Menschen. Das Kloster, das ich leite, ist eine Art Biotop, umfasst es doch die gesamte Lebenswelt seiner Bewohnerinnen. Auf engem Raum konzentrieren und mischen sich alle Aspekte des Lebens. Es gibt bei uns keine Trennung zwischen Privatleben und Arbeitswelt. Alles ist eins. Was für unsere heutigen Ohren so außergewöhnlich klingt, war die meiste Zeit der Menschheitsgeschichte schlichte Normalität und ist es für zahlreiche Menschen im Homeoffice während der Coronapandemie auch wieder geworden. So sind es mal Themen geteilten Lebens, die uns beschäftigen, und dann wieder Themen gemeinsamen Arbeitens. Wir bleiben die meiste Zeit am selben Ort und sind doch vielfältig vernetzt, in der Nähe und weltweit. Wir leben mit vier Generationen unter einem Dach, von derzeit 22 bis über 90 Jahren, von denen eine jede ihre eigene Perspektive einbringt. Wir folgen einer fast 1500 Jahre alten Tradition und suchen nach innovativen Wegen in die Zukunft, wollen aus uralten Wurzeln neue Schösslinge wachsen sehen.

In dieser Welt im Kleinen habe ich 2010 die Leitungsverantwortung übernommen und nun neigt sich meine zweite Amtszeit dem Ende entgegen – ein langer und zugleich abwechslungsreich-kurzweiliger Weg, dem die fünf Kapitel dieses Buches folgen. Es geht dabei ...

- um die Aufbruchssituation zu Beginn: START-UP
- um meine ersten Antwortversuche und Strategien: BASICS
- um die unvermeidliche KRISE
- um die Bedingungen für Wachstum und Wandel: GAMECHANGER
- und schließlich um eine doppelte Neugründung als gelungenen inneren Kulturwandel und als Wagnis der Expansion: NO RISK, NO FUN

Über vieles, was ich erzähle, habe ich mich mit anderen Leitungserfahrenen ausgetauscht und so manches Erlebnis und so manche Erkenntnis wurden zu einem Lacherfolg des Wiedererkennens.

START-UP

Eines der größten Abenteuer meines Lebens beginnt. Nach Monaten des Ringens, der Fragen und wachsender Ahnungen werde ich in meiner Lebenswelt zur obersten Leitung gewählt. In diesem Kapitel geht es um diese Erfahrungen der Wahl, des Aufbruchs und der ersten Schritte in ein neues Leben. Staunend, ja fasziniert und zugleich fast erschrocken erlebe ich, wie meine persönliche Welt sich dadurch verändert.

Vorahnungen oder „Der Karneval der Tiere"

In den frühen Morgenstunden fuhr ich nach Frankfurt. Dort angekommen saß ich bei zunehmender Hitze stundenlang auf einer Bank auf der Zeil und versuchte noch Lernstoff in meinen allzu besetzten Kopf zu bringen – vergeblich. Es war der 10. Juli 2010. Die mündliche Semesterabschlussprüfung stand an. Es sollte die schwächste Prüfung in diesem Studium werden. Macht nichts. Dafür setzte sich etwas anderes in meinem Gedächtnis fest. Ich weiß nicht, warum mir das bis heute so präsent geblieben ist, und schon gar nicht, wie diese Nachricht überhaupt bei mir angekommen ist. An diesem Tag war in Frankfurt ein Krokodil aus einer Reptilienshow ausgebrochen. Ein Autofahrer „rief die Polizei an. Die Beamten hatten keinen Zweifel daran, dass er die Wahrheit sagte. Drei Streifenwagen wurden eingesetzt. Die Veranstalter der Reptilienshow trugen den Alligator zurück in ihr Quartier. Eine Gefahr habe nicht bestanden, erklärten sie. ‚Ali‘ sei das friedlichste Krokodil der Welt. Es sei bereits 65 Jahre alt und 170 Kilogramm schwer. Wenn es nicht so träge gewesen wäre, hätte es möglicherweise im nahe gelegenen Main verschwinden können."[1]

Vielleicht war es meine Leidenschaft für Drachen, die mich bei dieser Nachricht aufhorchen ließ. Aber wäre es nur das gewesen, hätte ich sie schnell wieder vergessen. Nein, es lag wohl eher daran, dass gerade mein Lieblingsbild für die Erfahrung des Leitens geboren wurde. Was so amüsant und vielleicht auch ein wenig anstößig klingt, birgt eine tiefe Erfahrung. Wenn Leitung gelingen soll, muss ich lernen, etwas zu lenken, was größer und stärker ist als ich selbst, das einen eigenen Willen hat und keineswegs immer gefügig ist. Das ist faszinierend und bedrohlich zugleich. Es geht ums Lenken und Leiten auf der Basis einer Beziehung, die eindeutige Signale gibt und sich angstfrei der überlegenen Kraft des Tieres bewusst bleibt. Gerade am Anfang sagte ich, wenn ich mich überfordert fühlte, eher zu mir selbst als laut: „Manchmal fühle ich mich wie eine Dompteuse und manchmal wie ein gejagtes Tier." Aber ich greife hier weit voraus. Bis zu dieser Erfahrung lag noch ein langer Weg vor mir.

Unsere Suchbewegung im Kloster begann rund anderthalb Jahre zuvor mit einer Überraschung. Am Abend des 2. Januar 2009 rief mich meine Vorgängerin zu sich. Sie teilte mir mit, bei der nächsten Priorinnenwahl würde sie für das Leitungsamt nicht mehr zur Verfügung stehen und wolle dies gleich heute Abend allen Schwestern sagen. Damit hat sie mich überrumpelt. Sie hatte mich einige Monate zuvor gebeten, einen Gesprächsprozess mit der ganzen Gemeinschaft vorzubereiten und zu moderieren. Dieser Prozess sollte an genau diesem Abend beginnen und es sollte dabei um eine Reflexion der vergangenen Jahre gehen und die Frage, was die Gemeinschaft für die Zukunft sieht und wünscht. Nun stand mit einem Mal alles unter einem anderen Vorzeichen und mir wurde schlagartig bewusst, dass dies auch mich persönlich in den Fokus der Schwestern rücken würde bei der Frage: Wen wollen wir jetzt wählen? Aber es war ja noch viel Zeit bis zum 2. Juli 2010, dem Tag, an dem die Wahl stattfinden sollte. Was zunächst folgte, waren gute Monate des Miteinander-Redens in der Gemeinschaft, in denen es um die Bewältigung der gemeinsamen Geschichte ging und auch ungelöste Spannungen deutlicher zutage traten. Für meine Aufgabe als Moderatorin erhielt ich viel Zustimmung. Und zugleich schwang wieder unausgesprochen, aber mir sehr bewusst, darin mit, dass mich dies zur „Kandidatin" für die nächste Wahl machte.

Heute frage ich mich, was mich damals eigentlich „geritten" hat, dass ich ausgerechnet in dieser Situation auf die Idee kam, ein weiteres Studium zu beginnen. Eine Rolle spielten für mich die positiven Erfahrungen als Moderatorin unseres internen Gesprächsprozesses, eine gelungene Organisationsentwicklungsmaßnahme, und ganz allgemein das Thema „Menschen und Kommunikation". Schon 1994, als ich mein erstes Studium als Nonne mit dem Hauptfach Musikwissenschaft begann, hätte ich eigentlich lieber Psychologie studiert, hatte dafür aber keine Erlaubnis erhalten – was natürlich tief blicken lässt. Im Internet war ich nun auf einen dreijährigen Masterstudiengang an der FH Frankfurt gestoßen, so neu, dass es noch keine Absolventen gab: „Beratung in der Arbeitswelt. Coaching, Mediation, Supervision und Organisationsberatung". Zu meiner Überraschung erhielt ich ohne jedes Zögern die Erlaubnis und bewarb mich zum Auswahlverfahren, an dessen Ende 28 von ca. 90 Bewerbern genommen wurden. Ich war dabei und freute mich sehr. Das Durchschnittsalter lag bei Mitte vierzig, sodass ich mit meinen 48 Jahren gut in die Gruppe passte – Berufs- und am besten auch Leitungserfahrung wurden vorausgesetzt.

Im April 2010, drei Monate vor unserer Priorinnenwahl, begann ich also mein Studium in Frankfurt. Während der Präsenzveranstaltungen konnte ich bei einer franziskanischen Gemeinschaft in der Nähe der Konstablerwache wohnen und fühlte mich in dieser facettenreichen, globalen und pulsierenden Stadt sofort wohl. Das Lernprogramm war aufwendig, wenn auch berufsbegleitend angelegt. Da es bei einer solchen Ausbildung auch immer um Selbsterfahrung geht und die Runde der Teilnehmer gleichzeitig auch Übungsraum füreinander ist, wurden meine unterschwelligen Fragen schnell zum „öffentlichen" Thema: Werde ich im Juli zur Priorin gewählt? Und will ich das denn überhaupt? Mir selbst wurde dabei vor allem meine Ambivalenz, mein Ringen noch stärker bewusst.

Als ich jünger war, so Ende zwanzig, da hatte ich durchaus den starken Wunsch, irgendwann in meinem Leben eine verantwortliche Rolle zu übernehmen, in ein Leitungsamt ernannt oder gewählt zu werden. Ich wollte mitgestalten, Verantwortung übernehmen und natürlich auch zeigen, was ich kann. Tatsächlich wurde ich mit nur 30 Jahren Subpriorin, also die Stellvertreterin der Priorin. Das Ganze endete dann gut zwei Jahre später mit einem „Knall" und einem Rauswurf aus dem Amt, ein Drama, von dem später noch die Rede sein soll. Inzwischen war in meinem Leben viel passiert und vieles, was mir wichtig war, gewachsen. Ich hatte mein Studium der Musikwissenschaft, Psychologie und Vergleichenden Religionswissenschaften in Bonn abgeschlossen und mich promoviert. In schneller Folge taten sich danach vielfältige Möglichkeiten für mich auf. Ein Lehrauftrag an der Hochschule für Musik und Tanz in Köln, der dann zur Gründung eines eigenen Vokalensembles führte – und das waren nur die Highlights in einer Fülle von Aktivitäten, die mir viel Freude machten und viel Anerkennung brachten. Im Unterrichten, in der Begleitung der Studierenden, in Vorträgen, Buchprojekten, Konzerten konnte ich kreativ und innovativ tätig sein. Zugleich genoss ich meine große äußere Freiheit bei den zahlreichen Außentätigkeiten und Reisen. Wenn ich gewählt würde, würde dies also auf jeden Fall auch Verzicht bedeuten.

Und bei allem Sinn für Demokratie, ich neige zu Selbstbestimmung und Autonomie. Nun war auf einmal meine Zukunft völlig offen und für mich selbst nicht steuerbar. Alles hing von dieser einen Wahl am 2. Juli ab. Will ich andere Menschen wirklich derart über mein Leben bestimmen lassen? In mir gab es einen starken Impuls, die Frage auf die einzige mir mögliche Art selbst zu entscheiden und schon im Vorfeld Nein zu sagen, was ich in der Vergangenheit übrigens auch bereits getan hatte. Aber zu deutlich spürte ich, dass ich das diesmal nicht tun darf. Mit meinem Coach bearbeitete ich ebenfalls diese Frage. Ist für mich selbst nun eher Leitung oder die angestrebte Professionalisierung im Bereich Beratung dran? Meine persönliche Präferenz war glasklar, ich brauchte nicht eine Sekunde Bedenkzeit: Beratung. Dennoch nahm ich auch eine große Faszination in mir wahr, die vom Thema Leitung ausging, und je näher der Termin kam, desto mehr wuchs in mir die Bereitschaft, über mich verfügen zu lassen. Und zuletzt war in mir auch ein klares Ja gewachsen.

Je näher die Wahl rückte, desto mehr wuchs auch die Nervosität in der Gemeinschaft und desto klarer stand die Frage „Wer wird es?" unausgesprochen im Raum. Wie verhalte ich mich angesichts dieser Frage? Es geht kaum, nicht darauf zu reagieren. Die Reaktion quillt unwillkürlich bei allen aus allen Poren. Eine Situation ist mir besonders im Gedächtnis geblieben. Es kam zu einem unbedeutenden Alltagskonflikt zwischen mir und einer anderen Schwester; ich weiß gar nicht mehr, worum es dabei ging. Die Schwester reagierte mit den Worten: „Dich werde ich nie wählen!" Meine spontane Reaktion: „Gute Idee!" Viel später erzählte mir genau diese Schwester, dass meine Reaktion sie beeindruckt habe – und sie hat mich gewählt.

Es ist spannend zu beobachten, was im Vorfeld jeder Wahl in der Politik abgeht: Persönlichkeiten, Strategien, Motivationen werden sichtbar. Schatten zeigen sich in dem Versuch, in einem möglichst guten Licht zu erscheinen. Anders als in der Politik gibt es jedoch im Kloster keinen Wahlkampf. Das Kirchenrecht verbietet dies für die Wahlen in Ordensgemeinschaften sogar ausdrücklich: „Sie haben sich jeden Missbrauchs zu enthalten … Sie haben sich außerdem bei Wahlen vor einer direkten oder indirekten Stimmenwerbung zu hüten, sowohl für sich wie auch für andere" (CIC 1983, can. 626). Schaue ich auf die innerkirchlichen Machtkämpfe, dann nötigt mir dieses „Gesetz" ein zynisches Lächeln ab. Ist das nicht unehrlich? Fordert das nicht geradezu zu unterschwelligen Manövern der Werbung, der Abwertung von Konkurrentinnen oder auch zu Manipulationsversuchen heraus? Vor einiger Zeit las ich in einem Zeitungsartikel zur Kirchenkrise, die meiner Meinung nach eine Leitungskrise ist, den offenbar erstaunten Satz eines amtierenden Bischofs, es gebe doch tatsächlich noch Priester, die gerne Bischof werden würden. Ja, es gibt sie immer und er selbst hat auch einmal dazugehört. Auch in mir gab es diesen Ehrgeiz, es wagen und gut machen zu wollen, am besten gleich besser als andere. Zugleich klang in mir eine hartnäckige Warnung: Lass dich nicht antriggern von Konkurrenz, vom Wunsch zu siegen. Das Amt zu bekommen, ist eines, es dann zu haben, etwas ganz anderes.

Trotz aller menschlichen Schwächen haben wir in unserer Gemeinschaft gute Erfahrungen damit gemacht, nach einer Phase der Vorbereitung und Reflexion die letzten Monate vor einer Wahl still zu verbringen. Stille und Gebet als gemeinsame Fokussierung auf den Wunsch, dass das Ergebnis richtig und gut sein möge, ist auch auf der rein menschlichen Ebene schon hilfreich. Im Glauben an das Wirken eines leitenden Heiligen Geistes ist es eine Lösung jenseits allen Machens. Es ist eine Frage des Vertrauens. Das, was dabei entsteht, ist mehr als die Summe aller Teile. Um genau dieses geheimnisvolle „Mehr" geht es. Das ist ein wichtiger Punkt.

Ich verstehe nicht viel von Fußball. Aber bei Europa- oder Weltmeisterschaften schaue ich mir gerne die Finalspiele an. Bei einem guten Spiel ist es faszinierend zu beobachten, was geschieht. Das Training, die Planung und die Absprache von Strategien sind Vergangenheit. Jetzt hat das Spiel begonnen und da ist fast nur noch nonverbale Kommunikation möglich. Gelingt es, Blockaden jeder Art loszulassen und mit Energie und Vertrauen einfach selbstvergessen miteinander zu spielen, dann lässt sich dieses „Mehr" geradezu mit Händen greifen – pardon, natürlich mit Füßen – und führt zu ganz erstaunlichen Ergebnissen. So ist es auch bei einer guten, gemeinsamen Entscheidungsfindung.

In den Wochen unmittelbar vor der Wahl veränderte sich immer deutlicher die Atmosphäre, sie wurde ruhiger, irgendwie konzentrierter. In dieser Zeit hatte ich zwei Erlebnisse, die mir zu Bildern, ja zur „Prophetie" des Kommenden wurden. Eines davon war, mitten auf einer Baustelle zu feiern, ganz konkret auf der „Baustelle Kirche". Eigentlich hätte ich am 25. März 2010 mein Silbernes Professjubiläum feiern sollen, also das Jubiläum des Tages, an dem ich meine Gelübde abgelegt hatte. Aber eine Baumaßnahme in unserer Kirche hatte sich in die Länge gezogen, sodass wir das Fest ohnehin schon auf den 8. Mai verschoben hatten. Der als „Notkirche" genutzte Raum fasste kaum alle Schwestern, da wäre für meine große Familie und meine Freunde kein Platz gewesen. In einer anderen Kirche feiern wollte ich nicht; denn es war genau dieser, unser Altar, auf den ich 1985 die handgeschriebene Urkunde mit meinen Gelübden gelegt hatte. Als endlich das Gerüst abgebaut wurde, fielen einige Teile davon auf den ungeschützten Parkettfußboden und beschädigten diesen schwer, ein Versicherungsfall, der eine weitere wochenlange Verzögerung zur Folge hatte. Was tun? Spontan sagte ich: Dann feiere ich eben auf einer Baustelle und verstand dies sofort als Bild. Kirche im Provisorium. Kirche im Abbruch oder im Werden? Gemeinsam putzten und räumten wir tagelang, um unsere Kirche überhaupt nutzen zu können. Während das Hauptschiff noch nicht betreten werden durfte und damit auch die Orgel unerreichbar war, verteilten wir uns und die Gäste auf Altarraum, Seitenkapelle und Tribüne. Ein Freund spielte auf einer geliehenen Truhenorgel. Der Pfarrer unserer Gemeinde hatte als Überraschung ein Bläserquartett engagiert. Als dieses von der Tribüne aus zum Schluss der Feier *Lobet den Herren* schmetterte, kamen mir die Tränen.

Die größte Überraschung kam allerdings noch. Trotz aller zusätzlichen Arbeit, die das Herrichten der „Baustelle Kirche" bedeutete, hatten meine Schwestern für mich den *Karneval der Tiere* eingeübt und brachten ihn am Abend fantasievoll zur Aufführung. Diese Musik mit dem Untertitel *Grande fantaisie zoologique* von Camille Saint-Saëns (1835–1921) ist längst zum Klassiker geworden, ergänzt durch die amüsant-liebevollen Texte von Loriot. Sie kamen nun zu Gehör und wurden von den Schwestern szenisch dargestellt. Fast jede hatte die Rolle eines Tieres übernommen. Ich sehe noch meine heutige Stellvertreterin vor mir, die zusammen mit einer der ältesten Schwestern die Eichhörnchen spielte, mit zwei großen bunten Staubwedeln als Schwanz. Was für eine schöne, humorvoll-überzeichnete Darstellung der unterschiedlichsten Charaktere in unserer Gemeinschaft! Für genau diesen wunderbaren bunten „Zirkus" wurde eine neue Leitung gesucht. An diesem Abend wusste ich, die Entscheidung ist gefallen.

Aufbruch in ein unbekanntes Land

Am 2. Juli 2010, dem Wahltag, war es auch am Morgen schon sehr heiß. 38 °C im Schatten waren angesagt und unser offizieller Versammlungsraum, der Kapitelsaal, hat Fenster nach Süden. Ich konnte mir einen leicht lästerlichen Vorschlag nicht verkneifen, natürlich nur einigen mir nahestehenden Schwestern gegenüber: „Wie wär's, wenn wir zum Wählen in den Kohlenkeller gehen?" Da war es fast 20 °C kühler. Die innere Hitze war bei mir mindestens so groß wie die äußere. Es war einer dieser Momente, in denen sich das Leben in einer existenziellen Entscheidung verdichtet. Die Spannung und der Druck waren riesengroß. Es kann immer noch eine Überraschung geben. Was dann? Und wenn geschieht, was im Raum steht, wie wird dies mein Leben verändern? Wie auch immer die Wahl ausgeht, sie wird für mich und uns alle weitreichende Konsequenzen haben.

Um 9 Uhr ging es los. Die Entscheidung war schnell gefallen: Zunächst ein Probewahlgang, dann die Wahl. Kaum etwas von dieser Situation ist in meinem emotionalen Gedächtnis geblieben. Ich erinnere mich nicht, wie ich mich gefühlt habe, als der Wahlleiter das Ergebnis bekannt gab und mich fragte, ob ich die Wahl annehme. Auch das Credo, das große Glaubensbekenntnis, das ich – wie der Wahlritus es vorsieht – vor der offiziellen Bestätigung und Einsetzung in mein neues Amt vor der ganzen Gemeinschaft sprach, verschwimmt im emotionalen Nebel. Meine gefühlte Erinnerung setzt erst wieder ein, als wir in der Kirche die Amtseinführung feierten. Wie in unserem Ritus vorgesehen, kamen alle Schwestern einzeln nach vorne, um durch den Friedensgruß zu zeigen, dass sie meine Wahl zur Priorin auch persönlich annehmen. In vielen Gesichtern las ich Freude und Erleichterung. Das tat mir gut. Die Spannung in mir fing an, sich zu lösen. Abschließend war es an mir, das erste Mal meine Gemeinschaft zu segnen. Für mich ist dies bis heute das größte Privileg und der tiefste Ausdruck dessen, was es bedeutet, Priorin zu sein. Segnen heißt für mich, das unbedingt und bedingungslos Gute für die oder den anderen zu wollen. Wenn ich den Segen Gottes herabrufe, lasse ich eine lebenspendende Kraft durch mich hindurchfließen. Es war ein starker Moment, der bereits ein neues Bewusstsein meiner selbst in meiner neuen Rolle forderte.

Für das Ankommen in der neuen Wirklichkeit nach einem solch starken, positiven Ereignis – wie nach der Hochzeit, nach der Geburt eines Kindes, nach einem erfolgreichen Abschluss oder eben nach einer Wahl – gibt es kaum Hilfen. Stattdessen wird vorausgesetzt, dass jetzt alles gut und schön sei, der betreffende Mensch am Ziel und glücklich. Natürlich hat ein solch positiv besetzter Wendepunkt im Leben auch diese Seite. Aber Ankommen bedeutet in all diesen Situationen zugleich auch Aufbrechen, bevor genug Zeit ist, das gerade Erlebte zu verarbeiten. Es beginnt sofort eine ganz neue Geschichte mit ganz neuen Herausforderungen. Kaum mehr als eine halbe Stunde später ging es schon los: Gerade hatte ich den Wahlleiter an der Türe verabschiedet und war auf meine Zelle gegangen, wie wir unseren persönlichen Wohnraum nennen. Ich fühlte mich immer noch wie in Trance, wollte nun ein wenig zu mir selbst und zur Ruhe kommen. Wenige Minuten später schellte das Telefon, daran die Stimme meiner Vorgängerin: „Du könntest ja mal helfen, Etiketten auf die Briefe zu kleben." Es ging um die Informationsbriefe an die anderen Klöster mit dem Ergebnis der Wahl. Ich schluckte meinen Widerspruch herunter, ging nach unten ins Büro und half.

Mit der Wahl der Priorin erlöschen im Kloster alle Ämter. In allen demokratischen Systemen gibt es einen festgelegten Modus, wie die mit dem Amt verbundene Macht bzw. die Leitungsgewalt bei einem Wechsel übergeben wird. Es ist für jede Organisation wichtig, klare Abläufe und Riten für diesen sensiblen Vorgang zu haben. Jedes Modell dieses Übergangs hat Stärken und Schwächen. *„A peaceful transition of power"* – „einen friedvollen Wechsel der Macht" nennt es die amerikanische Verfassung und sieht darin die Basis aller Demokratie. Wahrscheinlich ist uns allen noch ganz präsent, wie dramatisch das werden kann, wenn die erhoffte Wiederwahl ausbleibt und der scheidende Amtsinhaber bis zum Tag der Amtseinführung seines Nachfolgers die volle Leitungsgewalt hat. Bei einer Bundestagswahl ist es so, dass alle kommissarisch im Amt bleiben bis zur konstituierenden Sitzung des neuen Bundestages, spätestens nach 30 Tagen. Das oft lange Ringen um Koalitionen, bevor ein Kanzler oder eine Kanzlerin gewählt werden kann, schafft mitunter einen langen Übergang mit vielen Unsicherheiten.

In unserem Kloster ist der unmittelbare Einschnitt tiefer. Die bisherige Priorin gibt die Leitung schon vor der Wahl vollständig ab und tritt in die Reihe der Schwestern zurück. Ist die neue Leitung gewählt, dann erhält diese sofort alle Leitungsgewalt, symbolisiert durch Siegel und Schlüssel, die der Wahlleiter, der zuständige Bischof oder ein Vertreter, ihr überreicht. Alles hängt also zunächst einmal an der Neugewählten. Es gibt noch keine Stellvertreterin und auch keinen Rat. Aber das Kapitel bleibt immer unverändert bestehen. Diese Versammlung aller Wahlberechtigten, der alle Schwestern angehören, die sich auf Lebenszeit an die Gemeinschaft gebunden haben, garantiert die Kontinuität im Kloster. Ohne Leitung ist das Kapitel aber nicht wirklich handlungsfähig. Abends hielt ich meine erste Ansprache als Priorin an meine Schwestern, bestätigte alle kommissarisch in ihren Ämtern und Aufgaben und kündigte für die kommenden Wochen Gespräche mit jeder einzelnen an.

In den darauffolgenden Tagen war ich ganz damit beschäftigt, in der neuen Situation anzukommen. Erste Reaktionen der Umwelt erfolgten. Sie fielen recht verschieden aus: von einem unbefangenen „Herzlichen Glückwunsch" über die Frage „Gratuliert man zu so etwas?" bis hin zu einem achselzuckenden „Das war doch klar!" oder „Wundert mich nicht!". Einer der Priester, die regelmäßig mit uns die Eucharistie feiern, kam in seiner Einführung auf die Neuwahl zu sprechen. Nein, er gratulierte mir nicht, wünschte auch weder der Gemeinschaft noch mir Gottes Segen, sondern er ließ gleich eine Schelte gegen Leitung ab, einen Generalverdacht gegen alle, die leiten. Ich fragte mich: „Was habe ich ihm eigentlich getan?" Wohl wissend, dass dies gar nicht persönlich gemeint war, hatte es mich dennoch getroffen. Diese Erfahrung war für mich neu. Bisher befand ich mich auf der anderen Seite und wusste auch selbst viel Kritisches zum Thema Leitung zu sagen. Sätze wie: „Der Fisch stinkt vom Kopf her", klangen auf einmal ganz anders. Wohltuend waren die Reaktionen von Äbtissinnen und Äbten, Priorinnen und Prioren aus den anderen Klöstern. Segen und Ermutigung wurden darin mit viel Empathie ins Wort gebracht – „Betroffene" unter sich.

Mein Lernprozess begann damit, dass ich übte, Signale zu geben, die anzeigten, was jetzt dran ist, und dafür zu sorgen, dass es auch geschieht. Die Rolle der Impulsgeberin ist ein Grundaspekt von Leitung. Am Anfang war dies eine Übung auf einer ganz elementaren Ebene. Ich musste lernen zu klopfen. Im Gottesdienst oder bei den gemeinsamen Mahlzeiten und Ähnlichem mehr besteht das Signal zum nächsten Schritt bei uns meistens in einem Klopfen auf das Holz des Chorgestühls oder des Tisches, manchmal auch im Läuten einer kleinen Glocke oder im Heben der Hand. Ich gebe das Signal und alles setzt sich in Bewegung. Zunächst fand ich das ziemlich lästig und sagte mir, damit könnten wir eigentlich auch eine Novizin beauftragen. Warum muss das die Priorin machen? Es handelt sich doch nur um ein einfaches Impuls-Geben auf der Basis von Routine. Was so banal klingt, ist aber gar nicht so einfach. Wenn ich etwas verantwortlich tun soll, was ich gefühlt schon tausende Male gesehen oder gehört habe, dann kann es passieren, dass ich auf einmal nicht mehr weiß, wie es jetzt weitergeht, oder mir der simpelste Text nicht mehr einfällt. Was ich nun zu lernen hatte, ist eine Art Choreografie. Wenn ich das falsche Signal gebe oder wenn ich es zur falschen Zeit tue, wenn ich fehle oder zu spät komme oder gar zwischendurch hinausgehe, störe ich empfindlich den Fluss des alltäglichen Geschehens. Auch das gehört zu einer Leitungsaufgabe, sei sie nun groß oder klein: Abläufe zu planen und dann auch durchzuführen. So gut es tut, wenn eine Veranstaltung wirklich „läuft" – ganz gleich ob Konzert, Karnevals- oder Vereinssitzung oder auch die privaten häuslichen Weihnachtsrituale –, so kräftezehrend kann es für diejenigen sein, die diesen reibungslosen Ablauf garantieren. Solange die Routine fehlt, sind das schweißtreibende und entnervende Tätigkeiten. Und selbst dann braucht es immer noch Energie. So übte ich nun meine neuen Funktionen bis ins kleinste Detail, wie etwa die richtige Geschwindigkeit im Gehen beim Ein- und Auszug aus der Kirche. Das ist viel schwerer, als man von außen vermuten könnte.

Neben diesem elementaren Lernprozess waren meine ersten Wochen als Priorin ganz gefüllt mit Gesprächen mit jeder einzelnen Schwester. Sehr hilfreich war dabei für mich das gleichzeitige Training im aktiven Zuhören im Rahmen meines Studiums. In diesen Gesprächen ging es zunächst um die Frage, wen ich als meine Stellvertreterin, also zur Subpriorin, ernennen sollte. Gerührt war ich, als die meisten Schwestern mir empfahlen, eine Schwester zur Subpriorin zu ernennen, mit der ich schon lange freundschaftlich verbunden war. Genau wegen dieser engen persönlichen Beziehung hätte ich das gar nicht gewagt, aber es hat sich in den folgenden zwölf Jahren bestens bewährt. Dies war für mich eine wichtige Lektion. Sie lehrte mich, dass wir alle zusammen weiter und besser sehen als ich alleine. Kurz darauf wurde der sogenannte Rat ernannt bzw. gewählt, ein vierköpfiges Beratungsgremium für die Priorin, das zur Hälfte von ihr ernannt und zur anderen Hälfte von der Gemeinschaft gewählt wird. Gemeinsam ging es nun um die Frage, wer welche Aufgabe, welches Amt übernehmen solle. Ich wollte gut hinhören und wirklich offen sein, auch wenn mir klar war, dass es jetzt nicht darum geht, möglichst viel zu verändern. Aber einige zentrale Ämter waren neu zu besetzen. Am 31. August, fast zwei Monate nach der Wahl, war es dann so weit, dass mit der feierlichen Ämtererneuerung alle Ämter und Funktionen besetzt und das Kloster wieder voll funktionstüchtig war.

In diesen turbulenten Wochen hatte ich viel inneren Schwung und fühlte mich getragen. Meine neue Leitungsaufgabe machte mir viel Spaß. Wer kennt es nicht, das Sprichwort: „Neue Besen kehren gut." Es lässt sich auch poetischer sagen mit den Worten aus dem Gedicht *Stufen* von Hermann Hesse: „Und jedem Anfang wohnt ein Zauber inne, der uns beschützt und der uns hilft zu leben." Ja, es ist so – und: gut so! Die elementaren Voraussetzungen waren nun geschaffen, der äußere Rahmen der Normalität war wieder hergestellt und ich war guter Dinge. Die Zukunft konnte beginnen. Was ich noch nicht ahnte, war, dass ich als Nächstes – wie in zahllosen Märchen und Heldenmythen – drei „Prüfungen" zu bestehen hatte. Ich kämpfte mit einer Flut, die mich zu verschlingen drohte. Ich hatte ein dickes Buch voller Geschichten zu beenden, die mich am Weitergehen hinderten. Und ich fand mich gefangen in einem Spiegelkabinett, aus dem ich einen Weg in die Freiheit finden musste.

Der Tsunami – Reizüberflutung

Zunächst brach eine Flut von Informationen und Wahrnehmungen über mich herein. Ich habe diese Erfahrung „Tsunami" genannt und damit bei anderen Betroffenen ein verständnisvolles Nicken bewirkt oder von ihnen ein herzliches Lachen zur Antwort erhalten. Noch heute erfahre ich manchmal diesen Tsunami nach Abwesenheiten vom Kloster, und seien sie noch so kurz. Da wartet immer eine Fülle von Informationen auf mich, wollen zahlreiche Geschichten gehört und viele Fäden wieder aufgenommen werden. Es ist in sich schon ein Irrtum zu glauben, im Kloster sei nichts los. Selbst wenn es uns gelingt – wie es sein sollte –, Stille im Haus zu wahren, findet doch eine intensive Dauerkommunikation statt, sei dies nun verbal hinter verschlossenen Türen oder nonverbal, wo immer wir uns begegnen. Wenn mehr als dreißig Menschen unter einem Dach leben, bedeutet das eine hohe Ereignisdichte und auch viel Vitalität. Dann sind viele Geschichten, viele Perspektiven und manchmal auch viele Probleme im Raum. Vom Noviziat an habe ich immer mal wieder in allzu bewegten Zeiten gedacht: Könnte hier im Kloster auch einfach einmal nichts los sein? Wahrscheinlich wäre ich enttäuscht gewesen, wenn dieser Wunsch in Erfüllung gegangen wäre. Nun aber hatte dieses Phänomen für mich plötzlich einen völlig anderen Level erreicht. Eine Allround-Verantwortung ist eben allumfassend. Alle Leitungserfahrenen, mit denen ich darüber gesprochen habe, haben mir bestätigt, dass sie von Zahl und Vielfalt der Themen überrascht waren, auf die es zu reagieren gilt bzw. die zu bearbeiten sind. Anfangs habe ich manchmal nachgezählt: Noch vor dem Frühstück auf dem Weg zwischen Kirche und Büro – das sind vielleicht 50 Meter – mindestens ein Dutzend Themen gehört und darauf geantwortet; an meinem Gebetstag, einem stillen und arbeitsfreien Tag, den wir alle etwa einmal im Monat haben, waren es diesmal nur rund zwanzig verschiedene Themen, die zwischendurch zwingend geklärt werden mussten.

Multitasking wird dann zur Überlebensstrategie und alle Ebenen kommen dabei ins Spiel. Das beginnt bei kleinen Alltagsinformationen und geht bis hin zu zukunftsrelevanten Entscheidungen, Strukturfragen, internationalen Kontakten oder Katastrophenmeldungen. In bunter Folge stürzt es auf mich herab: Existenzielles, Banales oder Spirituelles, Organisatorisches, Emotionales. Der Zusammenprall von Themen ganz unterschiedlichen Gewichts hat manchmal etwas Surrealistisches. Dann muss ich mich zusammennehmen, um nicht abwehrend zu reagieren, wenn auf ein großes, existenzielles Thema eines folgt, das mir klein oder banal erscheint, für mein Gegenüber aber wichtig ist. Ich erinnere mich lebhaft an einen Samstag in meinen ersten Wochen als Priorin, an dem ich vormittags pausenlos herumgelaufen war, zugehört, Probleme gelöst und gleichzeitig noch gekocht hatte. Da steht wenige Minuten vor dem Mittagsgebet eine keck lächelnde Novizin vor mir und fordert mich auf, heute Mittag für sie zu spülen, sie sei schließlich vor ein paar Tagen für mich eingesprungen. Einen Moment lang wusste ich nicht, ob ich jetzt lachen oder schreien soll. Ich habe mich fürs Lachen entschieden.

Seit ich Priorin bin, ist mein Respekt für Kassiererinnen an überfüllten Supermarktkassen oder Arzthelferinnen in vollen Praxen, die noch ein freundliches Wort für ihre Kunden oder Patienten haben, gewaltig gewachsen. Und ich habe mir angewöhnt, dies auch ins Wort zu bringen, was meistens eine erstaunt-positive Reaktion zur Folge hat. Die

Dynamik im Kloster hat viel von einer Großfamilie mit mehreren Generationen unter einem Dach. Wie hat meine Mutter das nur geschafft, als Lehrerin alleine sechs Kinder großzuziehen und dabei immer froh und engagiert zu bleiben? Mein Respekt für alle, die Familie und Beruf unter einen Hut bringen, und das während der Coronapandemie im Homeoffice oft noch auf engstem Raum, hat ebenfalls ganz neue Dimensionen erreicht. Das „Dauergewimmel", das Reinhard Mey in seinem Lied *Aller guten Dinge sind drei* so humorvoll treffend beschreibt, passt wunderbar zu meinem Erleben dieses ganz normalen Wahnsinns in der klösterlichen „Großfamilie":

Der Wecker fiept: Halb sieben, Unheil, nimm deinen Lauf!
Der Große muss zur ersten Stunde: „Los, steh auf!
Und mach' leise, dass nicht gleich der Mittlere aufwacht,
Der kann noch schlafen." Rums, die erste Türe kracht,
Die Diele knarrt, die Spülung rauscht und überdies
Ist die Kleine aufgewacht und schreit wie am Spieß.
Ich setz sie auf den Topf, sie ist ganz rot vor Wut,
Ich schmier' dem Großen schnell ein Pausenbrot, „mach's gut!
Vergiss den Turnbeutel nicht!" Der Mittlere kommt, „Mann,
Lauf hier nicht barfuß rum, los, zieh dir Puschen an!"
Ich seh' grad zu, wie mein Toast in Flammen aufgeht,
Da hat die Kleine ihren Topf samt Inhalt umgedreht
Und stürzt sich auf mich mit einem Freudenschrei –
Aller guten Dinge sind drei!

Ich hab' den Mittleren zur Schule gebracht
Und verwische die Spuren der Haselnusscremeschlacht.

Dies ist die Zeit, wo ich an meinen Schreibtisch kann,
Die Kleine malt mein Bein mit einem Filzstift an
Und erledigt während eines kurzen Telefonats
Durch Zerreißen die gesamte Post des Vormonats.
Der Große kommt nach Haus und macht ein langes Gesicht:
Alle Kumpels ha'm Computer, nur er wieder nicht.
Die Kleine pinkelt auf den Teppich, die bringt mich ins Grab,
Vorher hol' ich noch den Mittler'n von der Schule ab.
Dann gibt's Mittag und Streit, wer's erste Fischstäbchen kriegt,
Bis die Tränen fließen und es auf der Erde liegt.
Die Kleine niest mich an und hat den Mund voll dabei.
Aller guten Dinge sind drei!

Ich nöt'ge sie zum Mittagsschlaf, jetzt hätt' ich etwas Zeit.
Der Große beichtet mir seine Geschichtsarbeit.
Und jetzt hat er drei Chaoten zum Spielen bestellt:
„Nicht so laut!" Doch als der erste Stuhl umfällt
Ist die Kleine wach, der Mittlere schluchzt: „Ich denk',
Ich soll zum Kindergeburtstag und hab' noch kein Geschenk!"
Die Kleine steckt sich erst mal eine Erbse ins Ohr,
Der Doktor ist ein Freund und nimmt uns rasch mal vor.
Ich kauf' schnell ein Geschenk und geb' den Mittleren ab,
Komm' schweißgebadet raus, ich glaub', ich mache schlapp,
Der Autoschlüssel weg, wie komm' ich jetzt nach Haus,
Nur widerwillig spuckt die Kleine ihn dann doch noch aus,
Ein Nachbar grüßt: „Na, Sie haben wohl immer frei?!"
Aller guten Dinge sind drei!

Zu Hause setzt bereits der Abendwahnsinn ein,
Die Kleine rollt sich gleich mit hohen, spitzen Schrei'n
In einen Vorhang ein zu einem dicken Ball'n
Und lässt sich samt Gardine auf den Boden fall'n.
Beim Großen dröhnt ohrenbetäubende Musik,
„Ey, Alter, bleib ganz cool, ich übe Mathematik."
Der Mittlere kommt vom Geburtstag mit dem Rekord
Im Negerkusswettessen, und er übergibt sich sofort.
Der Große und die Kleine krieg'n 'ne Stulle aufs Brett,
Der Negerkusswettesser eine Schüssel vors Bett.
Zwei Einschlafgeschichten bei jedem von den Drein,
Ich selber schlafe direkt bei der Tagesschau ein.
Ich schlepp' mich ins Bett, die Füße schwer wie Blei.
Aller guten Dinge sind drei!

Meine Frau lächelt mir zu: „Na, überleg es dir.
Vielleicht sind aller guten Dinge ja auch …"
Ich breche zusammen, nein, es bleibt dabei,
Aller guten Dinge sind drei![2]

Während der Olympischen Sommerspiele 2021 habe ich mir einige Spiele im Tischtennis angeschaut. Was für ein Tempo! Wie nimmt man da den Ball, der auf einen zukommt, überhaupt noch wahr? Und wie geht das, derart schnell und treffsicher zu reagieren? Das fasziniert mich, auch weil ich in meiner Anfangszeit als Priorin oft gedacht habe: Ich befinde mich in einem „Dauer-Ping-Pong-Spiel". Und da ist wieder die Frage: „Was bin ich hier eigentlich, die Dompteuse oder ein gejagtes Tier?" Die Kunst besteht zunächst einmal ganz schlicht darin, nicht in Panik zu geraten. Selbstironisch hütete ich eine Spruchkarte: „Leben ist das, was geschieht, während du etwas völlig anderes geplant hast."

Übrigens habe ich seit meiner Wahl zur Priorin meine Jahreskalender aufgehoben. Sie enthalten zwar nur das „planbare Zusatzprogramm", aber es hat mir anfangs geholfen, sie immer mal wieder in die Hand zu nehmen. Ist das wirklich alles in dieser Zeit passiert? Es braucht Zeit, die Seele nachkommen lassen. Eine erste Spur, wie dies gelingen kann, und eine große Ermutigung erhielt ich von einer Schwester, die schon lange Priorin war, als ich Neuling erstmals an einem der Treffen von Oberinnen verschiedener Klöster teilnahm. Ich war schon recht früh da, und wir kamen ins Gespräch, bis die noch fehlenden Mitglieder der Gruppe ankamen. Mit einem freundlich-gelösten Lächeln, völlig stressfrei, erzählte sie mir: „Ich mache das so: Ich mache abends so lange, wie ich kann. Dann gehe ich schlafen und morgens mache ich wieder weiter ..." Was so simpel klang, beeindruckte mich tief. Gelassenheit und innere Freiheit schwangen darin. Bis dahin war es noch ein weiter Weg für mich.

Es ging für mich erst einmal darum, genug Reserven an Energie und Zeit zu schaffen, Freiräume, „Inseln" zu finden. Ich machte einige Experimente mit meinem Tagesablauf, legte zum Beispiel nach jedem Gespräch eine 10-minütige Pause ein. Ich würde mich vom Typ her eher für kreativ und spontan halten, jetzt aber war Organisation angesagt – soweit eben möglich. Und das heißt nicht nur Tag für Tag, sondern Augenblick für Augenblick wahrzunehmen, was ansteht, und es sortieren. Nicht Tagespläne oder To-do-Listen halfen mir weiter, sondern präsent zu sein im Augenblick und zu ordnen, was geschieht. Ich räume gerne auf, leider habe ich viel zu selten Zeit dafür. Das äußere Aufräumen ist für mich auch immer ein innerer Prozess der Psychohygiene, mit dem ich vieles abschließen kann. Sortieren ist, glaube ich, eine typisch weibliche Tätigkeit. „Die Guten ins Töpfchen, die Schlechten ins Kröpfchen!" – bei Aschenputtel wird es ganz elementar. Die Vögel, die helfen, sind der Schlüssel. Welche „Vögel" sind das? Welche Kräfte in uns? Ein Instinkt, der unterscheiden hilft, blitzartig, ohne nachdenken zu müssen: „Behalten – weg damit; behalten – weg damit ..." Ich komme auf das spannende Thema des Ordnens und Priorisierens noch zurück und auch auf die Unterschiede zwischen Männern und Frauen, die ich dabei beobachtet habe.

Zu der Fülle an Informationen und Erlebnissen und der Notwendigkeit, sie zu sortieren, kommt als besonders belastendes Thema auch noch der emotionale Ballast, der an vielen Themen, großen und kleinen, haftet: von der Katastrophenmeldung bei Krankheits- oder Todesfällen bis hin zum ganz normalen Alltagsärger, wenn jemand einfach nur Druck ablässt. Als Leitung bin ich auch immer Klagemauer, Prellbock oder auch Mülleimer für negative Emotionen. Ich meine das gar nicht abwertend, es ist ein wichtiger Teil des Leitungsdienstes. Aber gerade in dem letzten Bild klingt für mich die Notwendigkeit an, auch selbst Wege einzuüben, diese Last der Emotionen wieder und wieder abzugeben, einen größeren „Container" dafür zu finden. Als wäre all das nicht genug, kamen noch weitere, neue Themenbereiche hinzu, die mich bis dahin wenig interessiert hatten und die teilweise eine Aversion in mir erzeugten, denen ich jetzt aber nicht mehr ausweichen konnte. Themen der Verwaltung und juristische Fragen gehörten dazu, zunächst auch das Thema Bauen, für das ich dann aber eine Leidenschaft entwickelt habe. Ich gebe zu, anfangs habe ich vieles blind unterschrieben, einfach weil mir Zeit und Kenntnis fehlten. Inzwischen würde ich nichts mehr unterschreiben, was ich nicht wirklich persönlich verstanden und geprüft habe. Ich habe aber Verständnis dafür, dass eine neue Leitung gerade in der Anfangsphase dies noch nicht leisten und deshalb gravierende Fehler machen kann. Es braucht eine Menge „Pannenkredit" am Anfang. Wohl dem, der dann von Wohlwollen und Großzügigkeit statt von Opposition umgeben ist, die jedes Haar in der Suppe sucht und findet. Dankbar bin ich, dass ich zu meiner persönlichen Unterstützung zunächst einen Coach und dann im Rahmen meines Studiums in Frankfurt auch eine Lehrsupervisorin hatte. Ja, ich wagte es und habe nach der Wahl weiter studiert und das Studium Anfang 2013 auch abgeschlossen. Ich bin meinen Schwestern zutiefst dankbar, dass sie das mitgetragen haben. Die Inhalte des Studiums, die sich zunehmend auf die Arbeit mit Gruppen und auf Fragen der Organisationsentwicklung bezogen, haben mir sehr geholfen, in meine Leitungsaufgabe hineinzuwachsen.

Mit der Zeit lernte ich, meine neue Perspektive zu relativieren. Ich verstand, nicht nur mit dem Kopf: Es ist für mich derart turbulent, weil bei mir so viele Fäden zusammenlaufen, aber ich darf dieses Erleben nicht verallgemeinern. Wenn bei mir gefühlt Tausende von Impulsen und Informationen zeitgleich zu verarbeiten sind, ist es bei den meisten Schwestern eine eher überschaubare Anzahl. Während bei mir „Land unter" ist, können sich andere durchaus langweilen oder das Ganze als zäh erleben. Schon recht bald machte ich als Priorin die Erfahrung: Eine Gruppe braucht ein hohes Aktionstempo, um zufrieden zu sein. Kaum etwas ist ermüdender und frustrierender, als wieder und wieder über dieselben, meist problematischen Themen zu reden, ohne dass dies echte Konsequenzen hat. Es braucht reale Ergebnisse und Veränderungen. Dann erlebt sich die Gruppe als selbstwirksam und kreativ.

In dieser Anfangszeit machte ich noch eine weitere, für mich völlig unerwartete Erfahrung. Inzwischen kann ich längst darüber lachen, aber anfangs hatte dies auch etwas Erschreckendes für mich. Mit der Übernahme des Leitungsamtes als Priorin befand ich mich schlagartig in einer anderen Welt. Natürlich hatte sich lediglich meine Perspektive verschoben. Aber diese Erfahrung war so intensiv, dass sie seit meinem Eintritt ins Kloster die stärkste Perspektivverschiebung in meinem Leben darstellte. Damit hatte ich nicht gerechnet. Viel später habe ich von anderen gehört, dass ich mit dieser Erfahrung nicht alleine stand. Solche Erfahrungen werden leicht unterschätzt. Da ist jemand plötzlich verheiratet, plötzlich Mutter oder Vater, plötzlich Chefin ... Das alles kann zu einer Art Schock führen. Zwei Aspekte dieser Erfahrung waren für mich in meiner ersten Amtszeit über lange Zeit existenziell. Der eine bestand in dem Gefühl: Da, wo ich zu Hause bin, kann ich auf einmal nicht mehr zu Hause sein. Sobald ich die Nase aus meiner Türe steckte, ging es los. Ich war immer in einer Rolle. Nicht nur, dass ich ständig angesprochen wurde, sondern da war das Gefühl, dass es keinen Privatraum mehr gab, keinen Ort, wo ich einfach entspannt ich selbst sein durfte. Angesichts der Einheit von Arbeits- und Lebenswelt im Kloster war dies eine durchaus bedrängende Erfahrung des Verlustes. Der zweite Aspekt bestand in einer massiv veränderten Wahrnehmung. Auf einmal entdeckte ich vieles, was ich bisher noch nicht gesehen, gedacht oder verstanden hatte. Ich hatte eigentlich geglaubt, mit wachen Augen durchs Leben zu gehen. Wie konnte es sein, dass ich so viel übersehen hatte? „Emmanuela, wo warst du eigentlich die letzten 28 Jahre?" – fragte ich mich gerade im ersten Jahr als Priorin immer wieder. Da war ich nun also wie ein Alien auf einem völlig neuen Stern unterwegs.

Altlasten 1

Egal, was wir neu anfangen, nichts findet im luftleeren Raum statt, nichts beginnt an einem Nullpunkt, an dem noch alles offen ist. Die Geschichten, die das Leben schreibt, werden nicht auf unbeschriebenen Blättern geschrieben. Inzwischen bin ich davon überzeugt, dass es immer so ist: Wenn ich ein Leitungsamt übernehme, übernehme ich auch Altlasten meiner Vorgänger oder Vorgängerinnen. Und wenn ich es beende, werde auch ich der und den Nächsten solche Altlasten hinterlassen. Ich wähle hier bewusst den Plural, denn viele Altlasten sind mehr als eine Generation oder eine Amtszeit alt und reichen in ihren Auswirkungen oft mehr als eine Generation oder Amtszeit in die Zukunft. Ob es sich um die Familiengeschichte, die Firmengeschichte oder die Klostergeschichte handelt, ja selbst wenn ich etwas ganz Neues gründe, sei es eine Familie, eine Firma, ein Kloster, bringen alle Beteiligten – auch ich – solche Altlasten mit. Diese Altlasten sind vielschichtig, sie umfassen praktisch alle Bereiche des Lebens. Da ist zunächst der Umgang mit Traditionen und überlieferten Deutungsmustern: „Wir haben das immer so gemacht", heißt es dann, oder selbstironisch: „Alles, was im Kloster zweimal stattgefunden hat, ist eine Tradition." Gerade auch Erfolgsgeschichten können zu stark belastenden Altlasten werden, wenn sie als unrealistischer Anspruch im Raum stehen, den in der Gegenwart niemand erfüllen kann oder will. Eine große Familiengeschichte und berühmte Vorfahren können eine große Hypothek sein.

Wenige Wochen nach meiner Wahl zur Priorin fuhr ich als Referentin zu einer Veranstaltung über den Gregorianischen Choral für junge Mönche in eine große alte Benediktinerabtei. Das war schon lange geplant, und ich wollte es nicht absagen. Zwei ganz alltägliche Situationen fielen mir in den Tagen dort auf und ich dachte dabei: Was kann Geschichte doch für ein Ballast sein. Die erste Situation war mir ziemlich peinlich. Wir gingen zum Essen mit den Mönchen ins Refektorium, den klösterlichen Speisesaal. Der zuständige Bruder winkte mich an meinen männlichen Mitreferenten vorbei, und ich wurde auf den ersten Platz an diesem Tisch gesetzt. Eine Referenz vor meinem Amt, das verstand ich sofort. Als ich dann einen Blick auf den Platz meines Nachbarn warf, sah ich, dass dort eine Papierserviette in einer Papiertasche lag, während auf meinem Platz ein schon etwas in die Jahre gekommener versilberter Serviettenring mit einer Stoffserviette lag. Als Novizin hatte ich solche „Tisch"- und „Porzellanhierarchien" in unserem Kloster auch noch erlebt. Als ich 1986 als Hilfe an die Klosterpforte kam, wurde mir erklärt, das Goldrandgeschirr wäre für die „Herren", gemeint waren die Priester, die ins Kloster kamen, und das Zwiebelmustergeschirr für die „Männer", das waren die Handwerker und der Hausmeister. Solche skurrilen Traditionen gibt es keineswegs nur in Klöstern, sondern auch in Familien, Vereinen oder Firmen. Nur die Orte, Gegenstände oder Gesten sind andere. Dann geht es vielleicht um den größten Schreibtisch, das teuerste Firmenauto oder was auch immer.

Die zweite Beobachtung, die ich in derselben Abtei machte, fand beim Abendessen statt. Zu Beginn wurde rund zehn Minuten aus der Klosterchronik vorgelesen, das reichte vom Gründerabt im Mittelalter über einen Besuch des Deutschen Kaisers bis hin zu einer Visite des Nuntius, die auch bereits Jahrzehnte zurücklag und bei der es wichtig schien zu berichten, welche Art italienischer Kekse er für die Kommunität mitgebracht hatte. Was für ein Narrativ steckt dahinter? Es erzählt auf jeden Fall von alter Größe, deren Glanz bis in die Gegenwart reicht. Es sind weithin solche Narrative, die zu einem Anspruch für die Gegenwart werden, an dem jede Leitung nur scheitern kann, und zu einer Hürde für alle innovativen Bemühungen. Deshalb ist es wichtig, diese alten Narrative zu erkennen, sie auf ihre die Gegenwart bindenden Botschaften hin lesen zu lernen, um sie dann relativeren, loslassen oder auch umschreiben zu können. Es steckt eine Menge Achtsamkeit und Arbeit dahinter, ehe eine wirklich neue Geschichte beginnen kann. Bei einem Rundgang in einem fast tausend Jahre alten Frauenkloster, bei dem ich wertvolle Kunstwerke vieler Epochen bestaunen konnte, brachte es die Äbtissin, die mich führte, angesichts meiner Begeisterung ins Wort: „Wir müssen sehr aufpassen, uns von dieser Geschichte nicht beherrschen zu lassen."

Die Macht solcher oft unbewussten Narrative zu brechen, gelingt erst dann, wenn darüber offen gesprochen werden kann. Das kann zunächst in einem persönlichen Coaching und dann im kleinen Kreis besonders Betroffener stattfinden. Denn gerade in Systemen mit großen Traditionen birgt das auch viel Zündstoff. Meine Generation in unserem Kloster hatte eine „große" Novizenmeisterin. Ihr war es tatsächlich gelungen, eine neue Generation so zu begleiten und zu integrieren, dass unser Kloster Zukunft hatte – in einer Zeit sterbender Klöster eine Heldentat. Als junge

Schwester, die noch keine ewigen Gelübde abgelegt hatte, konnte ich damals überhaupt nicht verstehen, dass es ältere Schwestern gab, die unsere Novizenmeisterin sichtlich nicht mochten. Und noch irritierender fand ich, dass die wahlberechtigten Schwestern sie 1986 nicht zur Priorin wählten, obwohl sie von Lebensalter und Erfahrung her die naheliegendste Wahl war. Stattdessen wagte die Gemeinschaft einen Sprung über 50 Jahre und wählte nach einer Priorin von 82 Jahren eine, die erst 32 Jahre jung war – ein großes Risiko. Mit mehr Erfahrung wurde mir nach dem Motto „Wo viel Licht ist, da ist auch viel Schatten" klar, dass es in der Persönlichkeit unserer Novizenmeisterin auch Seiten gab, die im Zusammenleben auf Augenhöhe belastend waren. Ich fand für mich im Märchen vom tapferen Schneiderlein ein treffendes Bild dieser Dynamik: Das war befreiend, weil ich herzlich darüber lachen konnte, auch über mich selbst. Das Schneiderlein erschlägt mit einem Streich seiner Fliegenklatsche sieben lästige Fliegen. Stolz macht es sich eine Schärpe mit der Aufschrift „Sieben auf einen Streich" und zieht so in die Welt. Im Bewusstsein seiner Heldentat ist das Schneiderlein auf seinem Weg höchst erfolgreich und wird schließlich König. In zwei verschiedenen Schlussvarianten bleibt offen, ob dies von Dauer ist oder nicht.

Nach dem Tod unserer Novizenmeisterin haben wir uns mit allen, die zu ihrer Zeit eingetreten sind, getroffen, und in einer langen abendlichen Austauschrunde durften Licht und Schatten offen ins Wort kommen. Damit hatte dieses Narrativ seine Macht verloren. Es fand in unserer je eigenen Geschichte und der des Klosters seinen Platz. So wurde es möglich, neu und undogmatisch über unser Ausbildungskonzept nachzudenken. Bewusste und unbewusste Ideale spielen in so einem Prozess eine große Rolle: Was ist eine echte Nonne, ein echter Mönch, ein echter Mann oder eine echte Frau, eine gute Chefin oder ein erfolgreicher Sportler? Spannend und befreiend ist es, wenn es gelingt, darüber ins Gespräch zu kommen. Das ist das stärkste Mittel gegen ein hemmendes altes Narrativ: es zu Ende zu erzählen, sich von ihm zu verabschieden und im Hier und Jetzt eine eigene Geschichte zu schreiben, indem ich sie lebe.

Ein weiteres großes Feld der Altlasten sind Familiengeheimnisse. In den 90er-Jahren waren in unserer Gemeinschaft zwei junge Priorinnen an oder in ihrem Amt gescheitert: Die eine musste aus Gesundheitsgründen aufhören, hat aber ihr Amt, wenn auch unter großen Belastungen für alle, bis zum Ende ihrer Amtszeit durchgetragen. Die zweite, ihre unmittelbare Nachfolgerin, hat nach vier Jahren ihr Amt niedergelegt und das Kloster ganz verlassen. Das war eine Hypothek, mit der umgegangen werden musste und die noch einmal hochvirulent wurde, als mich die ausgetretene Schwester 2011, kaum mehr als ein Jahr nach meiner Wahl zur Priorin, um Wiederaufnahme bat. Ich wagte es, mich darauf einzulassen, und es wurde ein intensiver und heilsamer Prozess für uns alle, von dem ich rückblickend sagen kann, dass diese Entscheidung richtig war, auch wenn sie mich an die Grenzen meiner Belastbarkeit brachte. Nachdem ich zunächst einige Male alleine mit der ehemaligen Schwester gesprochen hatte und diese Anfrage auch wiederholt Thema in meiner eigenen Lehrsupervision war, bat ich sie, ihr Anliegen persönlich dem Rat darzulegen, mit dem ich dann ebenfalls sowohl einzeln als auch gemeinsam mehrfach sprach. Dann führte ich Einzelgespräche mit jeder Schwester, die damals dabei war, bevor ich die Rückkehrerin bat, ihre Bitte persönlich dem ganzen Kapitel vorzutragen. Mit Hilfe eines erfahrenen Coaches, der mich und uns auch bereits 2009 begleitet hatte, haben wir schließlich mit der ganzen Gemeinschaft die noch wirksamen Altlasten bearbeitet. Als nach der abschließenden geheimen Abstimmung ein einstimmiges Ja zum Wiedereintritt im Raum stand, konnte ich meine Tränen kaum zurückhalten.

Jeder Leitungswechsel aktiviert alte Geschichten. Inzwischen glaube ich, dass das völlig normal ist, einfach weil der Wechsel der Leitung gewachsene Strukturen lockert. Zu Beginn meiner Amtszeit 2010 kam die erste große Welle der Missbrauchskrise hinzu. Wir hörten bei Tisch – wir essen schweigend – oft aktuelle Radionachrichten, und so war diese Thematik wieder und wieder präsent. Sie rührte an viele alte Geschichten einzelner Schwestern, gar nicht nur an Erfahrungen sexualisierter Gewalt, die eine Reihe Schwestern vor allem im Kontext ihrer Familiengeschichte erlitten hatten. Es erschütterte mich tief, zu spüren, dass eine bei Tisch unmittelbar neben mir sitzende Schwester – bereits hoch in den 80ern – nonverbal stark reagierte und kaum auf ihrem Platz sitzen bleiben konnte, wenn solche Meldungen kamen. Im Gespräch erzählte sie mir viel von negativen Erfahrungen im Internat, aber eine wirkliche Bearbeitung der belastenden Erfahrungen ist in so einem Alter sehr schwierig. Kurz hintereinander brachen traumatisierende Erfahrungen bei mehreren jüngeren Schwestern auf, die sich unterschwellig gegenseitig antriggerten. In meiner eigenen Noviziatszeit zu Beginn der 80er-Jahre war es noch völlig undenkbar, dass eine von uns professionelle Beratung von außen in Anspruch hätte nehmen können. Es wäre als ein Zeichen gedeutet worden, dass es uns an ausreichender psychischer Stabilität für dieses Leben fehlte. Nun fand ein Paradigmenwechsel statt. Stärke heißt heute nicht mehr,

keine größeren Probleme zu haben, sondern die eigene Biografie gut durchgearbeitet zu haben. Ein solcher Wandel
geht nicht über Nacht, er hat einige Jahre gedauert. Eine
Frucht dieses Prozesses ist unser Projekt „MitLeben", in
dem wir Frauen zwischen 20 und 40 anbieten, für eine Zeit
der Suche und Selbstfindung mit uns zu leben, auch wenn
sie nicht den Wunsch haben, in das Kloster einzutreten. Wir
wollen so eine der größten Stärken unseres Lebens teilen.
Die klösterliche Gemeinschaft ist auch ganz allgemein eine
Lebensschule und ein heilender Raum.

Rolle, Identität und Macht

Plötzlich unterbrach mich meine Gesprächspartnerin: „Moment! Verstehe ich richtig, dass du als Leitung im Kloster
auch ‚Stellvertreterin Christi' bist?" Sofort verstand ich: Jesus Christus war ein Mann und deshalb – so wird immer
wieder argumentiert – können in der katholischen Kirche
nur Männer Priester werden. „Na klar!", antwortete ich,
„und in der langen Geschichte unseres Ordens hat es nie
einen Versuch gegeben, die Regel an dieser brisanten Stelle
für uns Frauen umzuschreiben." Es heißt dort: „Der Glaube
sagt ja: (Er) *Sie* vertritt im Kloster die Stelle Christi; wird (er)
sie doch mit dessen Namen angeredet …" (RB 2,2; hier in
weiblicher Form wiedergegeben).[3] Tatsächlich gab es in der
inzwischen fast 1500 Jahre langen Geschichte unseres Ordens zahlreiche mächtige Äbtissinnen und Priorinnen, die
viele Funktionen ausgeübt haben und ausüben, die in der
katholischen Kirche sonst nur geweihten Männern vorbehalten sind. Für die Frage der Geschlechtergerechtigkeit bis

hin zur Priester- oder gar Bischofsweihe für Frauen ist dies eine aufregende und bestätigende Beobachtung. Tatsächlich empfangen Äbtissinnen bis heute auch eine besondere Weihe, die in der Vergangenheit an manchen Orten auch mit echter Jurisdiktionsgewalt als geistliche „Landesherrinnen" verbunden war.[4]

Aber Vorsicht! Egal ob Mann oder Frau, die spiritualisierte Überhöhung eines Leitungsamtes und der damit verbundenen Macht ist höchst gefährlich, liegt doch hier – davon bin ich überzeugt – die Wurzel aller spiritualisierten Gewalt. Es gilt also: Vorsicht, Falle! Keine Identifikation! Denn genau darin liegt ein Missverständnis mit katastrophalen Folgen. „Stellvertreterin Christi" bedeutet, spirituell richtig verstanden, nicht einen umfassenden, nicht mehr infrage zu stellenden Machtanspruch, sondern im Gegenteil einen radikalen Machtverzicht. Es geht dabei nämlich nicht um meine Person, sondern um den Hinweis, ja mehr noch, das Transparent-Werden auf einen anderen hin, der gesagt hat: „Ihr aber sollt euch nicht Rabbi nennen lassen; denn nur einer ist euer Meister, ihr alle aber seid Brüder. Auch sollt ihr niemand unter euch auf der Erde Vater nennen; denn nur einer ist euer Vater, der im Himmel. Auch Lehrer sollt ihr euch nicht nennen lassen; denn nur einer ist euer Lehrer: Christus. Der Größte unter euch soll euer Diener sein" (Mt 23,8–11). Ziel ist also nicht die Aneignung einer größeren, „übermenschlichen" Macht durch den Amtsträger, sondern ein Relativieren und Loslassen aller menschlichen Macht. Die Verführung der Macht, die darin besteht, die eigene Person mit einem solchen Amt – meist unbewusst – aufzuwerten, ist und bleibt groß. Ein solches Amt ist nichts für Menschen mit einem schwachen Selbstwertgefühl, die in so einer Funktion Identität, Bestätigung und Anerkennung suchen, und schon gar nicht, was nahe beieinander liegt, für Narzissten. Das Ego darf sich nicht an dieser Rolle mästen und aufblähen.

Solche gefährlichen Einladungen zur Identifikation mit dem Übermenschlichen gibt es nicht nur in religiösen Kontexten, sondern zum Beispiel auch im Sport, wenn Sportjournalisten in der Emphase eines außergewöhnlichen Spiels von einem Spieler als Fußballgott sprechen, oder, wenn auch immer weniger, in der Medizin, wo von Halbgöttern in Weiß die Rede ist. Und natürlich in der Politik, und zwar nicht nur in ferner Vergangenheit bei den Gottkaisern und -königen der verschiedensten Kulturen. Gerade auch in der Welt der Popkultur scheitern und zerbrechen immer wieder Stars und Sternchen daran. In kaum einem anderen Kontext gibt es so viel, oft pseudo-spirituelle Überhöhung, werden Menschen so leicht mit übermenschlichen Erwartungen aufgeladen. Was hier vielleicht überzeichnet ins Wort kommt, gibt es in vielen Variationen, mal offen, mal latent oder subtil verdeckt. Sein wollen wie Gott. Genau darin besteht in der Schöpfungsgeschichte der Bibel die Ursünde, der Sündenfall des Menschen (vgl. Gen 3).

Ich bin dankbar dafür, dass ich erst Priorin geworden bin, nachdem ich längst einen tragfähigen Selbststand, ein stabiles Selbstwertgefühl entwickeln konnte und zufrieden war mit dem, was ich bereits erreicht hatte. Es ist mir nie schwergefallen, Distanz zu meiner Rolle zu wahren und mich von ihr klar zu unterscheiden. Eine Hilfe ist mir dabei auch die Prägung durch meine Familie, in der uns von Kindheit an vermittelt wurde, sich gegenüber Ämtern und Amtsträgern eine gesunde Skepsis zu bewahren. In unserem Kloster sind längst die meisten Formen und Traditionen verschwunden, die zu einer Überhöhung des Leitungsamtes beigetragen haben. So gab es früher nicht nur in der Kirche separate, thronähnliche Chorstühle für die Priorin und ihre Stellvertreterin, sondern auch separate Einzeltische bei den Mahlzeiten. Ich habe vor weniger als zehn Jahren in einem französischen Kloster noch miterlebt, wie der Priorin das Essen mit einem Velum, einem weißen Tuch, das die Hände der Bedienenden bedeckte, angereicht wurde. Völlig unvorstellbar ist für uns heute, dass bis in die 50er-Jahre des 20. Jahrhunderts hinein in vielen Klöstern mit der Priorin oder Äbtissin nur kniend gesprochen wurde.

In den letzten Jahrzehnten hat sich da viel geändert, nicht nur in den Klöstern, sondern in allen Bereichen der Gesellschaft. Aber die Decke einer neuen Kultur von Leitung ist noch so dünn, dass es nicht verwundert, wenn immer wieder alte absolutistische Machtvorstellungen durchbrechen. Die Show, die ein Donald Trump der Welt vier Jahre lang geboten hat, füllte täglich die Medien und hinterließ eine Spur der Verwüstung. Narzissmus und Machtmissbrauch sind eine destruktive Kombination. Ich liebe in diesem Zusammenhang das Kunstmärchen von Hans Christian Andersen *Des Kaisers neue Kleider*. Der eitle Kaiser lässt sich immer neue, schönere Kleider anfertigen, bis der letzte Schrei dann in Kleidern besteht, die nur für diejenigen sichtbar werden, die ihres jeweiligen Amtes würdig und klug sind. Der Kaiser tut so, als könne er sie sehen, und zeigt sich nackt, ohne dass jemand etwas dazu zu sagen wagt. Bis schließlich ein Kind ruft: „Aber er hat doch gar nichts an." Das Gelächter, das dann wie ein Sturm losbricht, bringt die Befreiung. Überhöhte Machtansprüche und narzisstische Tendenzen sind immer eine humorlose, todernste Angelegenheit, und alle Tyrannen fürchten das Lachen.

All dies und die damit verbundene Warnung ist jedoch nur die eine Seite. So wichtig es ist, dass ich mich vor einer falschen Identifikation mit dem Amt hüte, so wichtig ist es auch, dass ich die mir übertragene Rolle in allen ihren Funktionen auch wirklich übernehme. Mir ging es anfangs wie den meisten Amtsträgern und Führungskräften, die ich kennengelernt habe. Zu Beginn habe ich versucht, den Unterschied zu relativieren, mich so kollegial wie möglich zu geben und bewusst den Aspekt der Gleichheit zu betonen. Ich fühlte mich von einer Reihe Symbolen des Amtes peinlich berührt, zum Beispiel immer als Erste zu gehen und beim Essen zuerst bedient zu werden. Bis heute ist es ein starkes Zeichen für mich geblieben, in unserem offiziellen Versammlungsraum, in dem alle wichtigen Beratungen stattfinden und alle bedeutsamen Entscheidungen gefällt werden, auf einer Sedilie Platz zu nehmen, einem Amtssitz im Wortsinn – und wahrscheinlich auch einem stilisierten Thron. Geschieht dies in der Kirche, wenn eine Schwester ihre Gelübde ablegt und sich so an die Gemeinschaft bindet, dann wird dieser Platz auch zur Kathedra, wie der offizielle Sitz eines Bischofs in seiner Bischofskirche genannt wird. Das heißt, als Priorin habe ich dann Teil an der Amtsgewalt der Kirche und repräsentiere diese.

Leitung kann nur funktionieren, wenn sie auch übernommen wird. Ihr Sinn besteht nun einmal im Leiten, und das muss dann auch geschehen, wenn eine Gruppe, eine Firma, eine Schule oder was auch immer funktionieren soll. Ich nenne das Rollenklarheit. Wenn eine Rolle die meine ist, ist das keine Anmaßung – so fühlt es sich anfangs oft an –, sondern eine Notwendigkeit, sie auch wahrzunehmen, statt mich ständig dafür zu entschuldigen. Wahrscheinlich ist es heute schwieriger oder zumindest komplexer, ein hohes Leitungsamt innezuhaben, als es in früheren Zeiten war. Aber vielleicht kommt mir das auch nur so vor. Immer wieder ist diese seltsame Spannung zu beobachten, dass Menschen in Führungspositionen jammern und stöhnen, manchmal geradezu demonstrativ darunter leiden, aber niemals bereit wären, das Amt freiwillig abzugeben, auch dann nicht, wenn sie mit ihrer Amtsführung mehr Probleme schaffen als lösen. Eine solche Hilflosigkeitsrhetorik hat in einer Führungsposition fatale Folgen. Sie führt nämlich zu einem Phänomen, das ich Co-Abhängigkeit nenne. Dieser Begriff aus der Suchttherapie beschreibt für mich treffend einen Zustand, in dem die Leitung so schwach und hilflos erscheint, dass viele Mitarbeiter oder gar das gesamte Umfeld damit beschäftigt sind, diese Leitung zu stützen und ihre Defizite auszugleichen.

Immer wieder habe ich sagen hören, so ein Leitungsamt mache einsam. Das kann ich für mich nicht bestätigen. Ich habe mich in den vergangenen zwölf Jahren nie einsam gefühlt und so manches Mal darüber nachgedacht, warum das so ist. Einen Grund sehe ich in der Tatsache, dass Leitung viel mit Entscheidung zu tun hat. Es kann ein Gefühl von Einsamkeit erzeugen, mit der Frage „Was soll ich jetzt tun?" alleine und letztverantwortlich dazustehen, ohne jemanden, der mit mir die Last der Verantwortung trägt. Wenn es um sensible Entscheidungen geht, die eine hohe Diskretion fordern, muss ich dies aushalten können, ohne jemanden anders überhaupt nur um eine Meinung zu fragen. Ich war schon immer ein entscheidungsfreudiger Mensch. Ich weiß eigentlich immer, was ich will, und in der Regel auch schnell, was ich für das Beste halte, sodass ich mich durch Fragen der Entscheidungsfindung kaum isoliert fühle. Da, wo es um wichtige Entscheidungen geht, gibt es genug

Hilfen, die ich nur wahr- und ernst zu nehmen brauche. Ich habe eine persönliche professionelle Hilfe durch Coaching, Supervision oder auch spirituelle Begleitung sehr schätzen gelernt. Es entlastet mich sehr, wenn ein „Zeuge" oder eine „Zeugin" da ist, mit der oder dem ich in einem geschützten, diskreten Raum und einer empathischen Beziehung teilen kann, was ich erlebt habe. Das reduziert die Komplexität. Kommen gute Fragen hinzu, ist dies eine effektive Klärungshilfe. Auch die Pflege von Freundschaften ist mir unverzichtbar. Die Zahl rein persönlicher Kontakte und Begegnungen nach außen hat sich deutlich reduziert, seit ich Priorin bin. Oft fehlt mir einfach die Zeit und noch öfter die Energie dazu. An ihrer Stelle ist eine Fülle primär funktionsgetragener Kontakte und Beziehungen gewachsen. Von dem aber, was das Ganze und damit auch mich am wirksamsten trägt, wird noch wiederholt aus verschiedenen Perspektiven die Rede sein. Es ist der Dialog und das Kräftegleichgewicht in und mit der Gemeinschaft.

Im Spiegelkabinett

Zunächst aber nahm die Auseinandersetzung mit meiner neuen Rolle noch ganz andere Dimensionen an. Der alte Titel für das Leitungsamt, das ich übernommen habe, lautet Mutter Priorin. Wir verwenden ihn nur noch bei offiziellen Veranstaltungen, zum Beispiel im Rahmen internationaler Treffen, weil dies in einigen Ländern wie Italien, Polen oder Uganda noch so üblich ist, oder aber auf offiziellen kirchlichen Dokumenten. Schon seit Jahrzehnten lautet bei uns die Anrede der Priorin nur noch Schwester wie bei allen anderen Mitgliedern der Gemeinschaft auch, und ich finde das gut so. Der Aspekt des Mutter-Seins, der in diesem alten Titel mitschwingt, wirkt dennoch in der Vorstellung vom Amt der Priorin nach, und das keineswegs nur bei den Schwestern der Gemeinschaft. Der Titel Mutter Priorin ist ein Musterbeispiel für die Erfahrung, dass ein solches Leitungsamt an eine Fülle von Bildern, Vorerfahrungen und Erwartungen rührt – auf beiden Seiten. Solche Rollenerwartungen sind mächtig. Das dahinterstehende Beziehungsmuster lautet: Mutter und Kind. Auch jenseits der klösterlichen Welt werden Amtsträger in hohen Leitungspositionen oft zur Projektionsfläche für alle möglichen Erfahrungen mit Eltern. Ich halte dies sogar für das häufigste Rollenbild im Bereich von Leitung. Der Spitzname Mutti für Ex-Bundeskanzlerin Angela Merkel ist ein beredtes Beispiel dafür.

Recht bald nach der Wahl kommt mir das dann auch in einem Konflikt entgegen: „So geht eine Mutter aber nicht mit ihrem Kind um!" Will ich mich überhaupt auf ein solches Rollenmuster einlassen? Und wenn ja, was heißt hier Mütterlichkeit? Wo finde ich mich da wieder? Ich gehöre sicher nicht zu der „überbrütenden" Sorte und bin ganz bestimmt keine „Helikopter-Mutter", aber Präsenz und Fürsorge sind mir wichtig. Eine spannende Frage ist, ob es wirklich Unterschiede zwischen männlichem und weiblichem Leiten gibt, und wenn ja, worin sie bestehen. Ein total weibliches Bild habe ich aus dem Mund eines Abtes gehört, der fand, dass die meisten Tätigkeiten in seiner Rolle dem ähneln, was jede Hausfrau und Mutter Tag für Tag tut. Gibt es auch väterliche Aspekte in meiner Rolle als Priorin? Welche alternativen Rollenmuster gibt es, die mit je eigenen Akzenten im Bereich von Leitung vorkommen können?

Ein weites Feld eröffnen zahlreiche, mit teils negativ und teils positiv konnotierten Untertönen verwendete Titel, Spitznamen oder gar Schimpfworte für Autoritäten: Mister President, Mummy, Big Boss, First Lady, Feldwebel, Diva, Captain, Oberlehrerin, Häuptling, Hausdrache, Sklaventreiber … So verschieden sie sind, sie alle sprechen von einem Gefälle, von einer deutlich asymmetrischen Beziehung zwischen Leitung und Geleiteten. Die wenigen Versuche, eine Leitungsbeziehung auf Augenhöhe zu benennen, ihr auch nur einen überzeugenden, klingenden Namen zu geben, etablieren sich nur schwer. Diese Versuche klingen alle irgendwie technisch-nüchtern. Es schwingt noch zu wenig darin mit, wenn gerade weibliche Orden ihre Leitung offiziell Koordinatorin oder Moderatorin nennen. Es sind noch (fast) keine Geschichten und erst recht keine Emotionen mit diesen neuen Titeln verbunden. Lange habe ich dieses Phänomen, wie stark Titel aus Emotionen und Geschichten leben, überhaupt nicht bemerkt. Aber inzwischen finde ich es nicht mehr erstaunlich, dass autoritäre und hierarchische Formen von Leitung immer wieder aufploppen. Die entsprechenden Muster sitzen tief, die Erfahrungen und Emotionen noch tiefer. Hier sind machtvolle Menschheitsnarrative und Altlasten am Werk. Das Phänomen des Populismus und die Krise der Demokratie zeigen das genauso deutlich wie die erschreckende Leichtigkeit, in der während der Coronakrise freiheitliche Grundrechte außer Kraft gesetzt wurden. Und es zeigt sich auch in den vielen Varianten des Rufs nach einem starken Mann oder einer starken Frau.

Weil das so ist, weil in jeder Begegnung immer alle Bilder von Leitung mitschwingen und alle Erfahrungen, die mein Gegenüber und ich selbst mit Autoritätsträgern und „Chefs" jeder Art gemacht haben, deshalb befinde ich mich auf einmal in einem Spiegelkabinett. Dieses Spiegelkabinett ist immer da, wenn Menschen sich begegnen, nur meist bemerken wir es kaum. Nun aber zeigt es ganz neue Dimensionen. Ich brauche einige Zeit, um zu lernen nicht zu erschrecken, wenn mir aus einem Spiegel mal wieder eine Fratze oder Karikatur entgegenkommt. Auch lerne ich nach und nach, die innere Distanz zu verführerisch geschönten Bildern meiner selbst zu halten. Sogar da, wo ich professionelle Beratung in Anspruch nehme, um Hilfe bei der Unterscheidung zu haben, beobachte ich dieses Phänomen. Meine erste Lehrsupervisorin ist mit mir überfordert, nach mehreren Versuchen, mich über verschiedene Dinge zu belehren, kommt mir ein ziemlich aufgeregtes „Sie brauchen mich ja gar nicht!" entgegen. Auch die umgekehrte Erfahrung mache ich in einem Kontext, wo ich mich selbst beraten lassen will. Da kommt mir ein Echo entgegen, das ich als allzu enthusiastisch erlebe, und ich begreife, hier erlebt ein Mensch eine Aufwertung seiner selbst durch die Teilhabe an meiner Geschichte.

Das Spiegelkabinett zeigt mir eine Fülle von verschiedenen Perspektiven auf mich selbst, aber alle sind verzerrt. Mal bin ich zu groß, mal zu klein, mal zu dick, mal zu dünn, mal steht ein Teil von mir unnatürlich im Vordergrund. Aber es wird noch viel subtiler. Es gibt unter den Spiegeln auch einige Zauberspiegel, die mehr als nur das Äußere zeigen. Ein Beispiel aus *Harry Potter*[5]: Harry findet in einem abgelegenen Raum der Zauberschule einen Spiegel, der eine Aufschrift trägt, die spiegelverkehrt zu lesen ist: nerhegeB = Begehren. Das ist im englischen Original sprachlich viel klangvoller: *erised = desire*. Die ganze Inschrift lautet: „Nicht dein Antlitz, aber dein Herz begehren." Und im Original wieder deutlich stärker: *„I show not your face but your heart's desire"* – wörtlich eher: „Ich zeige nicht dein Gesicht, sondern die Sehnsucht deines Herzens." Dieser magische Spiegel zeigt also demjenigen, der hineinschaut, nicht sein natürliches Spiegelbild, sondern ein Bild dessen, wie er oder sie sich am liebsten sehen würde. Zum Wunschspiegel kommt der Angstspiegel, der den Betrachter ständig in *Worst-Case*-Szenarien gefangen hält. Eine Zeitlang schlafe ich schlecht, was ich zuvor gar nicht kannte, und Bilder von Feuersbrünsten verfolgen mich. Tatsächlich lasse ich als erste kleinere Baumaßnahme einige Sicherheitsschalter und zusätzliche Rauchwarnmelder einbauen. Und ich fühle mich erleichtert, als endlich eine flächendeckende Rauchwarnmeldeanlage installiert ist. Auch eine Variante des Zauberspiegels aus Schneewittchen: „Spieglein, Spieglein an der Wand, wer ist die Beste im ganzen Land?" hängt in einer Ecke und droht, mich in belastende Vergleiche mit anderen oder mit der Vergangenheit hineinzuziehen.

Es hilft aber auch nicht, mir einfach zu sagen: Das ist alles falsch. Die vielfältigen Spiegel um mich herum enthalten immer ein Körnchen Wahrheit. Und sie zeigen mir auch Perspektiven meiner selbst, die ich sonst nicht sehen will oder kann, weil sie in meinem toten Winkel liegen. Wir alle haben diese blinden Flecken und toten Winkel. Wie also kann ich unterscheiden? Was soll ich aus all dem lernen? Aber vor allem: Wie finde ich heraus aus dem Spiegelkabinett? Es geht ja gar nicht um mich und meine Rolle, sondern um die Aufgabe, die ich übernommen habe. Von Papst Johannes XXIII. wird erzählt, er habe einen Zettel an seine Türe geheftet, auf dem stand: „Johannes, nimm dich nicht so wichtig." So weit bin ich noch nicht. Zunächst übe ich, nicht jede Kritik und jeden Wunsch auf dem Appellohr zu hören.[6] Das hilft mir schon sehr dabei, mich nicht von all diesen Spiegelbildern jagen zu lassen. Nach einiger Zeit gelingt mir dann der Durchbruch mit dem Satz: „Ich bin nicht dafür verantwortlich, dass hier alle immer glücklich sind." Dieser Satz greift bei mir auch emotional, kommt tiefer an als eine nur theoretische Einsicht. Dieses Aha-Erlebnis ist ungeheuer entlastend, ein gewaltiger Leistungsdruck fällt von mir ab, und ich stehe das erste Mal wieder im Freien.

Regelmäßige Ausflüge ins Spiegelkabinett lassen sich nicht vermeiden, genauso wenig wie es möglich ist, ganz der Macht der Rollenbilder zu entgehen. Leitungsämter tragen in sich eine Neigung zur *déformation professionelle*, und es ist gut, dafür eine Sensibilität und auch Humor zu entwickeln. Tatsächlich musste ich über mich lachen, als ich mich das erste Mal dabei ertappt habe. Ich hatte mich mit einer wirklich großartigen alten Äbtissin ein wenig angefreundet und besuchte sie in ihrem Kloster. Wir hatten schöne Gespräche miteinander. Nur am Ende eines jeden Treffens stand sie ohne Ankündigung oder Frage auf und wandte sich einer neuen Tätigkeit zu. „Oh!", dachte ich innerlich schmunzelnd: „Audienz beendet!" Als ich mich das erste Mal dabei ertappte, dass ich es ganz genauso machte, musste ich lachen. Auch ich hatte es versäumt, meinem Gegenüber zu erklären, dass und warum ich mich jetzt einer anderen Angelegenheit zuwenden muss. Ich war so in meinem Film, dass ich gar nicht mehr wahrgenommen habe, wie unhöflich das wirken musste.

Wenig später entdeckte ich noch ganz andere Aspekte des Spiels mit den Spiegeln. Alle sechs Monate findet das sogenannte Noviziatskapitel statt, das ich nun erstmalig leitete und gegen das ich schon immer eine Aversion hatte. Alle stimmberechtigten Mitglieder der Gemeinschaft dürfen sich über die Schwestern, die sich noch in Ausbildung befinden, austauschen – in deren Abwesenheit. Das Ganze hat für mich etwas von Prüfungssituation oder Assessment-Center, auch Elternsprechtage klingen da in mir nach. Aber es ist vom Kirchenrecht her so vorgesehen, und ich versuchte, das Beste daraus zu machen. Immerhin haben wir dann eingeführt, dass die neuen Schwestern selbst einen Bericht über ihre aktuelle Situation für diese Treffen verfassen, damit ihre eigene Perspektive genug Raum bekommt. Wenn es um Kritik an den Schwächen der Kandidatinnen ging, dachte ich anfangs oft: „Ich würde hier gerne einer jeden einen Spiegel schenken." Vieles, was gesagt wurde, war unverkennbar eine Projektion eigener Schwächen und Fehler. Ich musste mich manchmal sehr zusammennehmen, um nicht massiv dagegen zu reagieren. Das gelang mir keineswegs immer. Einige Male regte ich mich in solchen Sitzungen wirklich auf, und mit der Zeit gelang es uns, den Stil fundamental zu verbessern.

Inzwischen weiß ich die Vielfalt der Spiegel ganz anders zu würdigen und habe ihre Botschaft besser lesen gelernt. Ich habe angefangen, die vielen unterschiedlichen und oft genug auf den ersten Blick auch gegensätzlichen Perspektiven schätzen zu lernen. Längst ist das Spiegelkabinett zu meinem bevorzugten Bild für den Rat der Priorin geworden. Das ist die Funktion dieses Gremiums: mir die verschiedenen Seiten eines Themas oder Problems zu zeigen. Vor allem diejenigen, die ich aus meiner Perspektive nicht sehen kann oder für die ich blinde Flecken habe. Gelingt es einer Gruppe, alle Perspektiven frei und ohne Abwehr zuzulassen, ist dies der Königsweg zu einer echten gemeinsamen Entscheidungsfindung. Aber davon später mehr.

BASICS

Nachdem der Start gelungen ist, steige ich in den eigentlichen Lernprozess ein. Wie geht Leitung? Was funktioniert – und was nicht? Und warum – oder auch warum nicht? In diesem Kapitel geht es um das elementare Know-how, ohne das Leitung nicht gelingen kann. Ich beschreibe fünf Basics, die für mich bis heute unverzichtbar geblieben sind. Am Anfang steht dabei die Frage, wie ich irreparablen Schaden verhindern kann.

Deeskalation als Haltung

Kaum einige Monate im Amt, erlebe ich die folgende Situation. Es ist ein hoher Feiertag, noch recht früh am Vormittag. Gerade habe ich gefrühstückt und gehe in die Küche, um den Teig für die Pizza zu machen, die ich zum Mittagessen für alle backen will. Da geht das Telefon. Eine mir bekannte Schwester, die ebenfalls eine Gemeinschaft leitet, meldet sich. Sie fragt: „Hast du meine Mail gefunden?" Ich verneine und erkläre, dass ich meinen Computer noch gar nicht hochgefahren habe. Später sehe ich, dass diese Mail weit nach Mitternacht geschrieben wurde. Mein Gegenüber bittet mich darum, eine Schwester jetzt sofort vorbeibringen zu dürfen, die eigentlich zu einem späteren Zeitpunkt eines unserer Gästezimmer für eine mehrwöchige Auszeit erhalten sollte. Mir liegt die erstaunte und auch leicht genervte Rückfrage auf den Lippen: „Jetzt?!" – aber die hohe Emotionalität, die mir entgegenkommt, hindert mich daran, etwas zu sagen. Ich spüre, dass es besser ist, jetzt zu schweigen und sie einfach kommen zu lassen. So geschieht es auch. Noch vor der Messe, dem zentralen Gottesdienst des Tages, liefert die Priorin die Schwester bei uns ab, und es ist nicht zu übersehen, dass die Atmosphäre explosiv ist. Was ich in den kommenden Wochen und Monaten nach und nach erfahre, ist ein klassisches Drama der Eskalation.

Was geschieht bei einer solchen Eskalation, wenn ein Konflikt aus dem Ruder läuft? Bei meinem Studium in Frankfurt hatte ich kurz zuvor das Glück, Prof. Dr. Friedrich Glasl persönlich zu erleben, dessen Konzept der Konflikteskalation längst zum Basiswissen im Bereich der Konfliktforschung und -bewältigung gehört. Die Eskalationsstufen nach Friedrich Glasl sind in vielen Varianten in der Literatur zu finden.[7] Dennoch sollen sie hier kurz noch einmal beschrieben werden. Es sind neun Stufen, verteilt auf drei Blöcke, die jeweils einen qualitativen Unterschied im Konfliktgeschehen markieren.

Auf den ersten drei Stufen der Eskalation ist es noch möglich, aus eigener Kraft aus der Konfliktsituation wieder herauszukommen, und zwar so, dass beide Seiten das als Gewinn erleben (*win-win*). Am Anfang, auf *Stufe 1*, steht ein latenter Konflikt, der sich spürbar verhärtet. Spannung liegt in der Luft, zeigt sich in Körpersprache und Verhalten. Ärger und Genervtsein ist bei den Beteiligten spürbar und führt auch bereits zu ersten unbeherrschten Reaktionen. Auf *Stufe 2* kommt es zum offenen Streit mit immer schärferen Argumenten und in schärfer werdendem Ton. Rechthaberei und Schwarz-Weiß-Denken sind für diese Phase typisch. Auf *Stufe 3* hat sich der Streit so verhärtet, dass es bereits zu abwertenden Gesten, zum Beispiel Augenverdrehen, kommt oder auch zum Abbruch des Gesprächs, durch Abwenden oder Rauslaufen. Die Konfliktparteien versuchen ihre Sicht durchzudrücken, gegebenenfalls auch durch Aktionen.

Im zweiten Block auf den Stufen 4–6 ist der Konflikt schon so eskaliert, dass es Hilfe von außen braucht, um aus der Konfliktsituation wieder herauszufinden, in der Regel durch Mediation. Die Konfliktpartner sind jetzt davon überzeugt, dass sie nur siegen können, wenn der Gegner verliert (*win-lose*). Auf *Stufe 4* hat sich der Streit auf die persönliche Ebene verlagert. Der oder die andere wird als Person abgewertet und es wird an ihm oder ihr kein gutes Haar mehr gelassen. Beide Seiten suchen Verbündete. *Stufe 5* zeichnet sich aus durch öffentliche Beschimpfungen, totalen Vertrauensverlust und Rachegedanken. Auf *Stufe 6* findet ein offener Machtkampf statt. Mit Drohungen wird versucht, den anderen niederzuzwingen.

Im dritten Block geht es nicht mehr ums Gewinnen, sondern darum, dem Gegner zu schaden. Es gibt jetzt nur noch Verlierer (*lose-lose*). Hier gibt es nur dann einen Ausweg, wenn von außen ein Machteingriff erfolgt, der die Gegner trennt. Auf *Stufe 7* wird der andere nicht mehr wie ein Mensch behandelt, sondern wie ein Ding. Es geht längst nicht mehr um das ursprüngliche Anliegen, das den Konflikt ausgelöst hat, sondern darum, dem Gegner zu schaden. Auf *Stufe 8* kommt es zu physischer oder psychischer Gewalt, die dauerhaften Schaden zur Folge hat. *Stufe 9* bedeutet den „totalen Krieg". Die eigene Vernichtung wird in Kauf genommen, wenn damit nur der Gegner zerstört wird.

Wo ist der genannte Konflikt einzuordnen? Es war mir nicht möglich herauszufinden, was der ursprüngliche Auslöser des Konfliktes war. Das bedeutet in sich schon „Alarmstufe Rot" – mindestens Eskalationsstufe 7. Da behandeln sich Menschen, in der Regel unbewusst, längst wie Dinge: Ein Problemfall wird „entsorgt". Und auch Elemente der Selbstschädigung sind darin bereits enthalten. Denn für ein System, das einen hohen Anspruch an die eigene Gemeinschaft hat – Liebe, Friede, Versöhnung –, bedeutet der berichtete Vorgang an sich schon einen öffentlichen Imageschaden. So zeigte sich dann auch bald, dass der *„Point of no Return"* längst überschritten war und als Lösung nur noch eine Trennung infrage kam.

Auch aus der Vergangenheit meiner eigenen Gemeinschaft erinnere ich mich lebhaft an krisenhafte Situationen, die ich rückblickend einfach nur als destruktiv im Gedächtnis behalten habe. Nicht jeder Austritt aus dem Kloster ist falsch, genauso wenig wie jede Kündigung oder jede Ehescheidung. Aber es gibt darunter auch immer wieder Geschichten, die nie zur Ruhe kommen, weil sie in einer Eskalation geschehen sind und nicht auf der Basis einer tragfähigen Entscheidung. Solche Erfahrungen hinterlassen auf beiden Seiten Wunden. Weitgehend geschlossene Systeme, wie es Klöster tendenzweise sind, sind besonders anfällig für Eskalationen. Das Gleiche gilt für alle Gruppen und Organisationen, in denen es enge persönliche Beziehungen sowie einen hohen Grad an Identifikation gibt und deshalb viel Emotion bei allen Beteiligten im Spiel ist – dazu gehören auch Partnerschaften und Familien. Anfällig sind auch Systeme, die sich insgesamt in der Krise befinden. Eine Firma, deren Existenz durch die Coronakrise bedroht ist, ist da viel gefährdeter als eine Firma, die sich gerade im Aufschwung befindet.

Es dauerte nicht lange, und die erzählte Begebenheit wiederholte sich mit einer anderen Schwester aus einem anderen Orden, die sich eines Tages bei mir meldete und um Hilfe bat. Die erlebte Eskalation hatte hier bereits zu dauerhaftem Schaden geführt (Stufe 8). Diese Schwester litt an einer Traumatisierung, Angstzustände und Albträume waren die Folge. In den vergangenen zwölf Jahren habe ich etliche solcher Geschichten gehört. Manchmal gelang es, Lösungen zu finden und einen Weg der inneren Heilung und Versöhnung mitzugehen. Wie kann ich solche Situationen verhindern? Diese Frage bewegte mich von Anfang an als Priorin, und ich wollte eine Haltung der Deeskalation einüben. Wie kann das gehen? Zunächst einmal braucht es natürlich Achtsamkeit gegenüber solchen Vorgängen. Wenn ich sie nicht wahrnehme, kann ich auch nichts dagegen tun. Zum Identifizieren des Problems ist eine Eskalationsskala wie die genannte sehr hilfreich. Sie zeigt, wie schnell und wie oft Konflikte schon weit eskaliert sind, ehe wir anfangen, ihnen bewusst und absichtsvoll unsere Aufmerksamkeit zu schenken, um einen Ausweg zu suchen. Spannungen und Streit am Arbeitsplatz oder im Verein, an denen wir nicht unmittelbar beteiligt sind, stören und nerven uns zwar, aber die meisten Menschen halten sich dann raus. Es ist aber wichtig, kritische Schwellen früh genug zu erkennen.

Als Leitung gehört es zu meiner Aufgabe, solchen Problemen nachzugehen. Meine Fürsorgepflicht verlangt von mir, darauf zu achten, dass niemand in einem Konflikt Schaden nimmt und dass möglichst eine Win-win-Lösung gefunden wird. Zwei Schwellen in der Skala erscheinen mir da besonders wichtig. Die erste Schwelle liegt an dem Punkt, wenn aus einem sachlichen Konflikt persönliche Angriffe und Kränkungen werden, und der zweite kritische Punkt ist erreicht, wenn sich nicht mehr über das ursprüngliche Problem, sondern nur noch über den Streit gestritten wird. Als ich mich im Studium mit den Grundregeln der Mediation, der Streitschlichtung, befasst habe, habe ich eine hilfreiche Grundhaltung kennengelernt. Wer Konfliktparteien helfen will, gemeinsame Lösungen zu finden, darf keine Partei ergreifen. Das ist klar. Aber es geht dabei nicht um Unparteilichkeit, sondern um Allparteilichkeit. Ich finde, das ist ein großartiges Wort. Ich bleibe nicht auf Distanz, sondern wende mich allen Perspektiven gleichermaßen zu, bin allen gegenüber empathisch. Indifferent zu bleiben und mich rauszuhalten, lässt sich dagegen leicht als Gleichgültigkeit, als ein Sich-Rausziehen, ein emotionales Unberührt-Bleiben verstehen und verändert keine Konfliktsituation zum Besseren hin.

Wichtig ist auch, den existenziellen Druck von Menschen in Konflikten zu erspüren. Es gibt bei jedem Menschen eine individuelle Schmerzgrenze, die nicht überschritten werden darf, weil sonst Kontrollverlust und dauerhafter Schaden drohen. Oft geht es zunächst darum, innerlich und äußerlich einen Schritt zurückzugehen: Raum geben, entschleunigen, abwarten, schweigen, nicht die Probleme oder gar Vorwürfe ständig wiederholen. „Den Teufel nicht in den Mund nehmen" lautet ein geflügeltes Wort aus der Mediation.

Meine bevorzugte Strategie besteht darin, zu fragen, ob jemand da ist, mit dem die Konfliktpartner sprechen können, bei dem sie sich sicher und verstanden fühlen, und falls nicht, wie sie einen solchen Ansprechpartner finden können. Da braucht jede am Konflikt Beteiligte mindestens eine Vertrauensperson für sich, die unterstützend ist und es in jeder Situation auch bleibt. Ich habe da übrigens die Erfahrung gemacht, dass diese Art Parteilichkeit Rechtsanwälten oft besser gelingt als psychologischen Beratern. Häufig braucht es in einer akuten Konfliktsituation zuerst einmal ein Mehr an Abstand, eine kleine Auszeit, ein paar freie Tage, ehe wieder mit mehr Gelassenheit auf das Problem geschaut werden kann. Ein wenig Großzügigkeit vonseiten der Leitung kann da sehr hilfreich sein; denn diese transportiert auch immer Wohlwollen der Person gegenüber, selbst wenn es in der Sache Differenzen gibt. Aber es gab auch Konflikte, bei denen ich merkte, hier ist bereits ein hoher Eskalationsgrad erreicht, jetzt muss ich klar und entschieden intervenieren. Besonders heikel wird es natürlich, wenn ich persönlich in einen Konflikt verstrickt bin. Dann gilt in besonderem Maße: Nicht aus dem Affekt handeln – und am besten für diese konkrete Situation die Leitung abgeben. Niemals in der Krise eine Entscheidung fällen. Und vor allem dies: Nie meine überlegene Position, meine Macht nutzen, um abzustrafen. Das ist immer Machtmissbrauch.

An dieser Stelle eine Anmerkung zum Thema Macht. Das Wort ist in unserer Kultur ja primär negativ konnotiert und ich merke auch an mir selbst, dass ich mich nicht wohlfühle, wenn ich es in den Mund nehme. Egal in welcher Position, der Satz „Ich habe Macht" ist kaum einmal von jemandem zu hören. Macht ist verdächtig, weil ihr sogleich Dominanz, Missbrauch, Gewalt und selbstsüchtige Motive unterstellt werden. Solche Besetzungen von Worten sind nur schwer abzubauen, sie enthalten viel Emotionalität, und dahinter stehen viele Geschichten. Einer der bemerkenswertesten Texte, in dem jemand die Worte „Ich habe Macht" in den Mund nimmt, steht in der Bibel. Jesus sagt: „Ich bin der gute Hirt; ich kenne die Meinen und die Meinen kennen mich, … und ich gebe mein Leben hin für die Schafe. … Niemand entreißt es mir, sondern ich gebe es von mir aus hin. *Ich habe Macht*, es hinzugeben, und *ich habe Macht*, es wieder zu nehmen. Diesen Auftrag habe ich von meinem Vater empfangen" (Joh 10,14–18, hier aus der Einheitsübersetzung 2016 zitiert; Hervorhebung E. K.). Das ist eine ganz neue Qualität von Macht, die völlig frei ist von Dominanz und Unterdrückung. Was für ein Ausdruck von Souveränität und Freiheit, aber auch von Fürsorge, Schutz und Verantwortung! Entweder sprengt dies in befreiender Weise unsere Vorstellung von Macht – und auch von Wirklichkeit –, oder es ist total irre.

Die Energie halten

Macht gibt es nicht nur von Amts wegen, sondern auch als persönliche Kraft. In meinem ersten Noviziatsjahr bekam ich als Weihnachtsgeschenk von meiner Familie eine Kassette mit dem Rockmärchen *Tabaluga*, gesungen von Peter Maffay. Tabaluga ist ein kleiner Drache. Und seine Geschichte beginnt damit, dass sein Vater für ihn ein Lied singt, mit dem er ihm klarmacht, dass er ein gefährlicher Drache ist und kein harmloses Tier wie ein Schmetterling oder ein Lamm. Tabaluga soll sich der eigenen Kraft und damit auch der eigenen Macht bewusst werden.

Dieses Lied traf mich; denn auch ich war nicht als Häschen, als Lamm oder als Schmetterling geboren und erlebte, dass dies auch zu Komplikationen führen kann. Tabaluga wird von seinem Vater auf die Reise zur Vernunft geschickt. Bei einer dramatischen und lustigen Suche, bei der auch so manches ungewollt in Flammen aufgeht, begegnen sich schließlich die Gegensätze Feuer und Eis – zunächst feindlich, am Ende aber versöhnt. Tabaluga kann Feuer speien und sich jedem Feuer nähern, ohne dass es ihn verbrennt. Mit der Zeit lernt er, seine gefährliche Gabe in Dienst zu nehmen und damit zu helfen, statt ungewollt zu zerstören. Der Schlüssel zu dieser Wandlung lautet: „Erkenne deine Macht." Starke Temperamente müssen lernen mit ihrer Energie umzugehen. Es ist nur normal, dass ich einen anderen Führerschein brauche als Fußgänger oder Radfahrer, wenn ich eine starke Maschine fahre oder gar fliege.

Das mit der Energie ist so eine Sache. Mal strotze ich vor Energie und weiß kaum, wohin damit, mal fühle ich mich am Ende meiner Kraft. Seit ich Priorin bin, brauche ich wirklich meine ganze Energie, was mir durchaus auch guttut, trotz so mancher Grenzerfahrung. Manchmal fühle ich mich nämlich wie Atlas. Nach dieser Gestalt aus der antiken griechischen Mythologie ist das Altasgebirge, eine ca. 2500 Kilometer lange Gebirgskette im Norden Afrikas, benannt. Atlas ist ein Riese, Titan oder Gigant. Er wird zur Strafe – weil er in einem Konflikt die „falsche" Partei unterstützt hat – vom Göttervater Zeus damit beauftragt, an diesem Rand der damals bekannten Welt das Himmelsgewölbe zu tragen. In späterer Zeit wird er oft mit der ganzen Weltkugel auf Schultern oder Rücken dargestellt. Ein starkes Bild für das Tragen einer Verantwortung, die eine schwere Last ist. Ähnlich ist es auch mit dem heiligen Franziskus. Sein Biograf Thomas von Celano (1190–1260) berichtet, dass Papst Innozenz III. im Traum einen armen, einfachen Mann sieht, der die einstürzende Lateranbasilka, bis heute die Hauptkirche der katholischen Welt und damit Symbol päpstlicher Macht, mit seinen Schultern stützt. „Wahrlich", so der Papst, „das ist jener Mann, der durch sein Werk und seine Lehre die Kirche Christi erhalten wird."[8] Franziskus predigt Armut, Machtverzicht und eine radikale Orientierung am Evangelium. Die Geschichte könnte für heute geschrieben sein.

Ja, die Übernahme von Leitungsverantwortung ist auf jeden Fall auch eine Last. Und wenn ich meine Letztverantwortung für alles, was in meinem Kloster, in meiner Firma, meiner Familie geschieht oder zu tun ist, ernst nehme, ist es manchmal auch eine drückende, ja eine niederdrückende Last. Wer leiten will, muss sich mit dieser Last anfreunden; denn egal was ich tue, ein Teil der Last bleibt, mal mehr und mal weniger, spürbar. Ein Satz schoss mir in einem Moment, als ich dies genau so empfand, unwillkürlich durch den Kopf: „Lieber Steine schleppen in glühender Sonne!" Auf den Vorschlag meiner langjährigen Beraterin hin habe ich das mit den Steinen dann ganz wörtlich genommen. Das war, als ich in einer Krise der Gemeinschaft das Gefühl hatte, unter dieser Belastung in die Knie zu gehen. Es fühlte sich für mich tatsächlich auch physisch so an. Meine Muskeln waren völlig verspannt. Da bin ich dann mit einem Rucksack losgezogen an den Rhein und habe ganz konkret Steine gesammelt. Ich habe sie sorgfältig ausgesucht, ihr Gewicht in meiner Hand gewogen, gespürt, ob es passt, und dann der Last einen Namen gegeben. Mit einem Filzschreiber habe ich jeweils draufgeschrieben, wofür genau dieser eine Stein jetzt steht. Als ich mit allen derzeit belastenden Themen durch war, war mein Rucksack auch ziemlich voll und beeindruckend schwer. Dann bin ich einige Kilometer mit diesem Rucksack voller Steine den Rhein entlanggelaufen, habe ihn ganz bewusst getragen, bewusst seine Last gespürt.

Danach habe ich mich hingesetzt und auf jeden Stein zu der Last eine Lösung geschrieben, nämlich das, wovon ich glaubte, dass ich es jetzt brauche, um diesen Teil der Last loszuwerden. Neben manchen praktischen Lösungen waren es vor allem Haltungen, oder besser gesagt Haltungsveränderungen bei mir selbst, in denen ich eine Lösung sah: Gelassenheit, innere Freiheit, Entschleunigung, aber auch Humor, Pannenkredit, Demut … Wieder nahm ich jeden der Steine mit Ruhe in die Hand, um sie auf dem Rückweg nach und nach einzeln in den Rhein zu werfen. Das war eine ganz konkrete Erfahrung der Entlastung, die für mich wichtig und heilsam war. Ich habe seitdem diese Übung schon oft weiterempfohlen.

Gerade wegen dieser Erfahrung von Last, dieses Mit-dem-Rucksack-Leben, das ich mal mehr und mal weniger spüre, ist es unverzichtbar, immer wieder und oft genug aus meiner Rolle als Priorin auszusteigen. Ich brauche heute mehr Reserve an Energie, als dies vor meiner Zeit als Priorin nötig war. Da konnte ich ganz anders bis an meine Grenzen gehen. Nun muss ich jederzeit damit rechnen, dass noch zusätzliche, nicht planbare Themen oder auch schwerwiegende Probleme und sogar „Katastrophen" Zeit und Kraft von mir fordern. Für mich sind die Zeiten sehr wichtig, in denen ich jenseits der Rolle einfach nur ich selbst sein darf. Zum Glück hatte ich schon lange vor meiner Wahl zur Priorin angefangen, Ferien im eigenen Kloster zu machen. Das kam mir jetzt zu Hilfe. In unserem Kloster existieren zwei Welten separat nebeneinander: die Klausur, also der Lebensraum der Gemeinschaft, und der Gästebereich, in dem es einige ganz autonome Rückzugsräume gibt, in denen ich auch keinen Gästen begegne, wenn ich nicht will. Hier kann ich mich am besten entspannen. Sobald ich die Türe hinter mir zumache, bin ich ganz raus. Ich werde immer wieder gefragt, ob ich nicht einen größeren Abstand, einen ganz anderen Tapetenwechsel bräuchte. Auch das habe ich gelegentlich, aber im eigenen Gästebereich bin ich frei von allen sozialen Verpflichtungen. Ich kenne den Biorhythmus der Gemeinschaft so gut, dass ich mich durchs ganze Haus bewegen kann, ohne jemandem zu begegnen. Es ist für mich eine große Entlastung, raus, aber dennoch nahe dran zu sein, sodass ich verfügbar bin, wenn etwas Außergewöhnliches geschieht. Hunderte Kilometer entfernt zu sein, erzeugt dagegen einen Druck in mir. Was ist, wenn etwas passiert, zum Beispiel eine alte Schwester stirbt, und ich bin so weit weg? Darin hat das Leben im Kloster viel gemeinsam mit einer Familie.

Manchmal und immer öfter verwandelt sich das Gefühl der Last in eine Art Tanz, in ein Spiel der Energien, das mich selbst vitalisiert. Ich bin dann fokussiert und innerlich frei zugleich, ein Gefühl von Gegenwärtigsein und Einssein stellt sich ein, von Flow, wie der ungarische Psychologe Mihály Csíkszentmihályi (1934–2021) diese Erfahrung nennt. In einem Gespräch bringt meine Beraterin dies auf den Punkt, als sie sagt, es käme vor allem darauf an, die Energie zu halten. Diese Formulierung ist seitdem ein wichtiger Kern meines Amtsverständnisses geworden und umfasst beide Seiten, die belastende und spielerisch-befreiende.

Von einem Bild, das beim Halten der Energie stark in mir klingt, war schon die Rede: Dompteuse. Es war gleich nach meiner Wahl zur Priorin spontan da. Ich habe noch nie einen Menschen näher kennengelernt, der tatsächlich als Dompteur oder Dompteuse tätig ist. Da sind lediglich meine Erfahrungen beim Reiten in meiner Teenagerzeit oder auch im alltäglichen Umgang mit unseren Hunden oder unseren Kühen. Aber ich meine mit diesem Bild sehr viel mehr als das. Natürlich hat dieses Bild auch problematische Aspekte. Als ich im Rahmen der Olympischen Sommerspiele 2021 einige Videos der siegreichen deutschen Dressurreiterinnen sah, war da neben der Bewunderung für die Leistung auch die Frage in mir, ob es nicht völlig widernatürlich sei, ein Pferd so zu dressieren. Zugleich aber konnte ich die großartige Kommunikation zwischen Reiterin und Pferd spüren. Genau darum geht es, um Kommunikation und nicht um Dominanz. Obwohl nach außen fast nichts zu sehen ist, befinden sich beide Partner in einer intensiven, von Vertrauen getragenen Interaktion. Und zugleich ist darin die Kraft zu spüren, die zwischen Reiterin und Pferd schwingt – ganz eins und doch in einem energiegeladenen Spannungsverhältnis zueinander. Genau diese Verbindung von lebendiger Beziehung und fließender Kraft schwingt in mir beim Bild der Dompteuse. In keinem anderen Bild kommt das Halten der Energie für mich so treffend zum Ausdruck. Diese Erfahrung mache ich am intensivsten bei der Großgruppenmoderation, die mir viel Freude bereitet. Eine solche Gruppe ist ein Organismus, ein großer, starker, höchst lebendiger Organismus voller Überraschungen. Ich kann damit in Beziehung treten und ihn – wenn es gut läuft – mit ganz wenigen Impulsen so zur Bewegung motivieren, dass es für alle zu einem Erleben von Effektivität, Lebendigkeit, Selbstwirksamkeit und manchmal sogar Flow wird.

Das führt mich zu einem weiteren Lieblingsbild oder besser einer ganz konkreten Lieblingserfahrung des Leitens, nämlich dem Dirigieren, und zwar dem Dirigieren des Gregorianischen Chorals. Dieses Dirigat ist kein Kommando, sondern Ausdruck dessen, was geschieht. Es geht um Integration und den gemeinsamen Ausdruckswillen der singenden Gruppe. Auch hier sind Einssein und Flow das Ziel, nicht Dominanz. Die dirigierende Hand ist lediglich Impulsgeberin, Verstärkung und Visualisierung. An der Hochschule für Musik und Tanz in Köln habe ich von 2002–2009 unter anderem dieses Dirigat gelehrt. Diese alte Musik, deren Wurzeln bis in die Antike zurückreichen, hat kein Metrum, keinen Takt, also kein regelmäßig wiederkehrendes rhythmisches Grundmaß. Der freie Rhythmus ist an der Form der Zeichen der ältesten Notation des Abendlandes, den Neumen, zu erkennen, zum Beispiel „länger als", „kürzer als", und an den in kleinen hinzugefügten Buchstaben für „schnell", „halten" und so weiter. Die einstimmige Melodie wird dadurch hoch differenziert und muss sehr detailliert angezeigt werden. Dirigiert wird nach den Neumen aus mittelalterlichen Handschriften mit einer Hand, nicht – wie sonst – mit beiden. Der oder die Dirigierende singt selbst mit. Was in der Erklärung recht abstrakt klingt, fiel mir in der Praxis ganz leicht.

Schon bei meinem ersten Versuch hatte ich sofort Zugang zu dieser Art des Dirigierens, das bei genug Erfahrung auch ästhetisch schön aussieht. Ich war immer eine schlechte Sportlerin, aber Bewegung zur Musik, sei es als Jazzgymnastik oder als Tanz, haben mir gelegen. Auch wenn ich beim Dirigieren an einer Stelle stehen bleibe, ist es für mich ein Tanz, in dem ich mittanze und zugleich Impulsgeberin bin. Diese Art zu leiten ist aber auch ein Loslassen und Zulassen. Wie der prominente Dirigent Herbert von Karajan (1908–1989) einmal sagte: Dirigieren ist „die Kunst zu wissen, wann man das Orchester nicht stören soll".

Mikropolitik: Von der Macht der Integration

Wer kennt das nicht? Da gibt es doch wirklich Menschen, die kommen immer zu spät, egal was sie selbst oder andere versuchen, um dies zu ändern. Dann gibt es solche, die verlieren immer wieder den Autoschlüssel, und noch andere schaffen es einfach nicht, den Deckel auf die Zahnpastatube zu drehen. Auch die Fähigkeit zur elementaren Organisation, sei es die Ordnung in einem Zimmer oder die eines Arbeitstages, ist höchst ungleich verteilt – manchen will es einfach nicht gelingen. Ein weiteres Phänomen dieser Art sind Menschen mit zwei linken Händen. Da kann bereits das Einschlagen eines Nagels in die Wand lebensgefährlich oder das Einfädeln eines Fadens in eine Nähnadel zum unüberwindlichen Hindernis werden. Und während bei denen mit einem grünen Daumen alles wächst und gedeiht, gibt es die anderen, unter deren Händen alles verdorrt oder ertrinkt. Ich könnte mit dieser Aufzählung stundenlang weitermachen. Wie leicht könnte das Zusammenleben und -arbeiten sein und wie viele Probleme könnten gelöst oder gleich vermieden werden, wenn es solche Eigenarten nicht gäbe?

Zu diesen völlig normalen Alltagsproblemen kommen in jeder Gruppe noch genauso völlig normale Schwierigkeiten bei der elementaren Entscheidungsfindung, auch im Kloster. Fenster auf oder Fenster zu? Dies kann im Extremfall bis zur Existenzfrage eskalieren: Lieber erfrieren oder lieber ersticken? Hier gibt es Hoffnung, denn die Zwangslüftungen, die irgendwann in jedem klimaneutralen Haus zu den Basics gehören, werden das Problem endlich lösen ... Aber welche Fernsehsendung soll jetzt geschaut werden? Oder gehen wir lieber ins Kino, in ein Konzert? Was heute essen? Wohin im Urlaub? Wer setzt sich jetzt durch? Und wie? Dies und vieles andere mehr sind unerschöpfliche Quellen für Konflikte und Komplikationen.

Und auch im Bereich der Arbeitsverteilung, von privaten Hausarbeiten bis in die Politik, sieht es kaum besser aus. „Stellenprofil" und individuelle Fähigkeiten sind nicht leicht zur Deckung zu bringen. Da kann die eine super kochen, ist aber echt unorganisiert und das Essen steht kaum mal pünktlich auf dem Tisch. Der andere ist akribisch gründlich und zuverlässig in der Verwaltung, aber die Kunden kann man nicht in seine Nähe lassen. Hier wären zwei, die alle Fähigkeiten mitbrächten, um einen wichtigen Bereich zu übernehmen, nur können sie es leider überhaupt nicht miteinander. Ich kann als Leitung aber nur die Pferde, die ich habe, vor meinen Karren spannen.

Solche Alltagsprobleme und -konflikte sind da allgegenwärtig, wo Menschen zusammenleben oder -arbeiten. Nein, einfach aussitzen kann man solche Probleme meistens nicht. Sie wachsen und wirken unter dem Teppich fröhlich weiter. Und wenn sie groß genug geworden sind, fangen sie an, das Ganze zu lähmen und zu vergiften. Es geht um das allgegenwärtige Drama von Theorie und Praxis, von Ideal und Wirklichkeit, von Ordnung und Chaos. Und um die mehr oder weniger ausgeprägten Fähigkeiten aller Beteiligten, sich in diesem Spannungsfeld so zu bewegen, dass die Gruppe oder Organisation trotzdem ihren Zweck erfüllt und ihre Ziele erreicht. In jedem System gibt es zahlreiche kleine oder größere „Baustellen" und Problemfelder, die nur eingrenzt, bestenfalls stillgelegt, aber nicht grundlegend verändert werden können, zumindest nicht auf direktem Wege.

Als ich in meinem Studium in Frankfurt das erste Mal ohne jede weitere Erklärung das Wort Mikropolitik hörte, musste ich genau an solche Szenarien denken und fand den

Begriff sehr treffend für das, was es braucht, um solche Situationen positiv zu bewältigen. Es braucht eine effektive „Politik" im Kleinen. Jede Organisation, ja jede Gruppe hat drei Ebenen: Sie hat übergeordnete Werte und Ziele (Polity), eine daraus entwickelte Strategie des Handelns (Policy) und das konkrete Alltagsgeschäft des Handelns (Politics).[9] Und diese drei Ebenen kommen nie voll zur Deckung. Sie bleiben in ihrem Zusammenspiel immer störanfällig. Als ich dann weiter recherchierte, fand ich heraus, dass der Begriff Mikropolitik in einem Großteil der Literatur negativ konnotiert ist im Sinne von Manipulation im Kleinen zum persönlichen Machtgewinn oder sonstigen egoistischen Zielen. Sogleich regte sich in mir die Frage und der Verdacht, ob das nicht eine Strategie der „Macht im Großen" ist – im offiziellen und strukturellen Sinne –, die „Macht im Kleinen" als störend zu empfinden und sie deshalb zu verdächtigen und abzuwerten. Ich bin nicht die Einzige, die das positive Potenzial der Mikropolitik sieht. So kommt der Organisationspsychologe Oswald Neuberger (*1941) zu dem Schluss, dass „Mikropolitik keine charakterliche Perversion oder eine verwerfliche, heimlich inszenierte Taktik individueller Vorteilsmaximierung [ist], sondern vielmehr eine Antwort auf Probleme, die aus der Konstitution von Organisationen herrühren"[10].

„Kurzum: Ordnung ist eine höchst unwahrscheinliche und gefährdete Errungenschaft ... Auch für den sozialen Bereich gilt, dass Ordnungsmuster (etablierte Institutionen, Regeln, Verträge, Praktiken etc.) instabil sind und – von Zerfall und Auflösung bedroht – mit Aufwand erhalten oder neu erzeugt werden müssen ... Ordnung ‚lebt', wenn sie bestritten, in Frage gestellt, auf den Prüfstand geholt, erneuert etc. wird. Es lässt sich das Beinahe-Paradox formulieren: Ordnung wird erhalten, wenn sie durch Um-Ordnung überwunden wird. Mikropolitik ist eine solche – vielleicht so nicht intendierte – lebensnotwendige, ordnungsstiftende Herausforderung und zugleich – zuweilen durchaus intendiert – die Bedrohung der bestehenden Ordnung."[11]

Was hier präzise, aber abstrakt-sperrig formuliert ist, ist von großer Bedeutung für jede Art von Gruppe oder Organisation, einschließlich Partnerschaften und Familien. Trotz aller Modelle und Strategien, Regeln und Absprachen, um das gemeinsame Leben und Arbeiten zu organisieren, gibt es ein ständig nachwachsendes, nicht zu beseitigendes Rest-Chaos, dem auf diesem Wege nicht beizukommen ist. Hier braucht es eine bewusst eingesetzte Mikropolitik mit dem Ziel der Integration. Es ist eine Art Geschicklichkeitsspiel, das viel Flexibilität und Kreativität erfordert, einschließlich der Bereitschaft, wenn nötig, die eigenen Regeln zu brechen. Licht und Schatten liegen dabei manchmal sehr nahe beieinander.

Als Novizin hatte ich einmal einen Rock mit einem komplizierten Muster mit viel Aufwand so gestopft, dass man es tatsächlich nicht sehen konnte – einfach, weil ich diesen Rock mochte. Das hat mir etliche Aufträge und den Ruf eingebracht, ich könne ausgezeichnet stopfen. Kunststopfen habe ich diese Tätigkeit dann genannt, und dies ist eines meiner Lieblingsbilder für eine wichtige Strategie der Mikropolitik. Die Kunst besteht darin, geschickt Lücken zu füllen. Das beginnt damit, manchmal als Heinzelmännchen tätig zu werden und einfach etwas zu tun, was liegen geblieben ist. Oder den Fehler einer anderen kommentarlos zu korrigieren, ohne dass jemand, außer den unmittelbar Betroffenen, das merkt. So etwas ist ein Beitrag zum reibungslosen Ablauf des alltäglichen Lebens und Arbeitens, der atmosphärisch dann sehr wohl wahrgenommen wird. Das

Kunststopfen kann aber genauso auf der Ebene der Beziehung eingesetzt werden, indem ich damit ein eher isoliertes Teammitglied integriere oder die emotional positive Beziehung zu einem Vorgesetzten stärke. All das bleibt natürlich ambivalent. Die Kunst, Fäden zu spinnen, kann entweder das Netz des Zusammenhaltes stärken, das tragender Grund der Gemeinschaft ist, oder aber – wie eine Spinne – Menschen als Beute für egoistische Zwecke umgarnen. Eine weitere Strategie, die ein gewisses Maß an Personalverantwortung voraussetzt, besteht darin, Aufgaben und Dienste auf die jeweilige Person hin anzupassen. Damit lassen sich ständige Problemfelder und ansonsten unlösbare Probleme effektiv lösen, oft so, dass es zu einer Win-win-Situation für alle führt. Wo aber ist die Grenze zwischen einer sinnvollen Anpassung einer Rolle, eines Auftrags an eine Person oder Situation und dem klassischen *„divide et impera"* – „teile und herrsche"?

Mikropolitik braucht Leichtigkeit, Humor und Kreativität, auch Unverdrossenheit, um einmal ein eher altmodisches Wort zu gebrauchen. Im besten Fall ist sie eine hohe Integrationsleistung, im schlechtesten Fall dagegen Manipulation und Verführung. Und manchmal lässt sich der Unterschied zwischen diesen beiden Polen erst im Rückblick und vom Ergebnis her erkennen. Der Unterschied lässt sich am besten mit einem weiteren alten Wort bezeichnen: Lauterkeit. Es bedeutet Reinheit und Selbstlosigkeit der Absicht, eine Haltung, von der Erich Fromm allerdings bereits 1950 meint: „Die Kinder lernen in der Schule, dass Ehrlichkeit, Lauterkeit und die Sorge um das Seelenheil die leitenden Prinzipien des Lebens sein sollten, während das Leben lehrt, dass die Befolgung dieser Grundsätze uns bestenfalls zu weltfremden Träumern macht."[12]

In der fast 1500 Jahre alten Regel, nach der unsere Gemeinschaft zu leben versucht, wird von dem, der die oberste Leitung hat, gefordert: Er „muss wissen, welch schwierige und mühevolle Aufgabe er auf sich nimmt: Menschen zu führen und der Eigenart vieler zu dienen. Muss er doch dem einen mit gewinnenden, dem anderen mit tadelnden, dem dritten mit überzeugenden Worten begegnen" (RB 2,31.32a). Nach der „Eigenart und Fassungskraft jedes Einzelnen" soll er sich auf alle einstellen und auf sie eingehen. Auch das ist Mikropolitik. Eine Äußerung von Papst Franziskus dazu, war der Zeitung *Die Welt* folgende Meldung wert: „Christen müssen nach den Worten von Papst Franziskus auch bauernschlau und gerissen sein. Zum Glauben gehöre auch eine ‚heilige Schläue', sagte der Papst am Montag bei einem Gottesdienst im Petersdom. Es handele sich hierbei um ‚jene geistliche Gerissenheit, die uns Gefahren erkennen und vermeiden lässt', so Franziskus. Christen müssten Jesu Aufforderung ‚Seid klug wie die Schlangen und arglos wie die Tauben' beherzigen, forderte Franziskus in seiner Predigt."[13] – Das ist ein Aufruf zur Mikropolitik.

Ich bin davon überzeugt, dass Leitung nicht ohne Mikropolitik funktionieren kann. Wohl dem, der eine Begabung dafür hat. Ein Beispiel für diese „Schläue" und für dieses Geschicklichkeitsspiel beim Umgang mit Problemen, die auf direktem Wege nicht zu lösen sind, ist für mich die Geschichte unserer Schwester Benedikta (1923–2021), die vor einigen Monaten im Alter von fast 98 Jahren gestorben ist. Die zur Integration dieses außergewöhnlichen Menschen verwendete mikropolitische Strategie wurde von der ganzen Gemeinschaft mit Wärme und Humor mitgetragen.

Schwester Benedikta stammte aus einer Schifferfamilie. Sie wurde zusammen mit ihrer Zwillingsschwester 1923 auf dem Schiff ihrer Eltern im Hafen von Rotterdam bei Windstärke elf geboren. Dies hat sie immer wieder erzählt. Es ist das wohl treffendste Bild für ihr bewegtes Leben und prägte zutiefst das Lebensgefühl von Schwester Benedikta. Sie war nicht nur eine der ersten Frauen in Deutschland, die das Kapitänspatent für die Binnenschifffahrt erwarben, bis ins hohe Alter konnte sie dazu auch jedes Detail erklären und besaß noch ihre Uniform. Schwester Benediktas gesamtes Leben war geprägt vom Unterwegssein und von immer neuen Aufbrüchen. Mit 40 Jahren trat sie, nachdem sie eine Ausbildung zur Krankenschwester absolviert hatte, in eine neue geistliche Gemeinschaft in Berlin ein. Diese Gemeinschaft, die längst wieder aufgelöst wurde, hat sie nach 13 Jahren unter dramatischen Umständen verlassen. Sie erzählte mir einmal, sie sei einfach aus dem Fenster gestiegen ...

Nach einiger Suche wurde sie mit fast 60 Jahren Benediktinerin. Als ihr Kloster im Jahr 2000 wegen Überalterung aufgelöst wurde, hegte Schwester Benedikta den Wunsch, den Rest ihres Lebens als Eremitin zu verbringen, denn sie traute niemandem. Das zunehmende Alter brachte sie jedoch bald in ein von Ordensschwestern geführtes Altenheim. Da es ihr dort aber schnell zu langweilig wurde, nahm sie immer öfter die Einladungen unserer damaligen Priorin an. Schließlich ging sie in unserem Kloster vor Anker und wurde 2004 offiziell in unsere Gemeinschaft aufgenommen. Da war sie jugendliche 81 Jahre alt. Wie kann es gelingen, so einen Menschen zu integrieren?

Jahrelang war sie noch aktiv und erhielt von meiner Vorgängerin immer wieder Aufträge, die ihrem Freiheitsbedürfnis entgegenkamen und ihr ermöglichten, das Haus zu verlassen. 2013 erkrankte ihre Zwillingsschwester, und Schwester Benedikta, inzwischen 89 Jahre alt, wollte zu ihr.

Hätte ich Nein gesagt, wäre sie trotzdem gefahren, also sagte ich mit einiger Besorgnis Ja. Beide lebten nun in einem Häuschen direkt am Rhein, rund 130 Kilometer von Köln entfernt. Der Aufenthalt wurde länger und länger, sie wollte nicht mehr zurück. Höchst vorsichtig und so gewinnend wie möglich fragte ich am Telefon, ob ich vorbeikommen dürfe. Ein kategorisches Nein kam zur Antwort. Druck aufzubauen oder Regeln einzufordern, hätte jetzt niemandem geholfen. Es dauerte fast ein Jahr, ehe ich ihr das Zugeständnis abringen konnte, mal zu Besuch kommen zu dürfen. Ehe bei meinem ersten Versuch die Türe endlich aufging, stand ich bereits eine halbe Stunde davor. Ich verhielt mich, als wäre nichts geschehen. Für mich war zu spüren, dass sie sich des Problems durchaus bewusst war, aber keine Lösung für ihren Konflikt hatte. Sie wusste genau, dass sie eigentlich im Kloster leben müsste, aber die Zuneigung und Sorge für ihre Schwester waren zu groß. Da fiel mir spontan eine Lösung ein, die sie entlastete. Ich habe das Häuschen am Rhein kurzerhand lachend zum Filialkloster erklärt und zu Schwester Benedikta gesagt: „Weißt Du was? Wir hängen hier einfach ein Schild auf: ‚Kloster der Benediktinerinnen'." Danach war ich ein gern gesehener, regelmäßiger Gast, behielt so den Überblick und konnte versuchen, die schwieriger werdende Situation zu steuern. Dieser immer fragilere Zustand währte drei Jahre lang und war für mich ein Lehrstück und ein Highlight integrierender Mikropolitik. Kurz vor Ostern 2016 gelang es mir in einer dramatischen Aktion, Schwester Benedikta zusammen mit ihrer sterbenden Schwester nach Köln zu holen, wo wir diese dann wie eine Nonne auf unserem Klosterfriedhof begruben. Ich wusste, das ist der einzige Weg, die alte Schwester so gut als möglich wieder im Kloster zu beheimaten. Wir hätten nicht erwartet, Schwester

Benedikta danach noch fast fünf Jahre unter uns zu haben. Mit zunehmendem Alter entwickelte die starke, kämpferische Frau auch zutiefst charmante, zugewandte Seiten. Bis zuletzt spielte sie zu unser aller Freude auf ihrer Mundharmonika.

Wie geht Transparenz?

Ein weiteres grundlegendes Thema, mit dem sich jede Leitung auseinandersetzen muss, ist das Thema Transparenz. Transparenz ist für jede Gruppe, Gemeinschaft oder Organisation von größter Bedeutung. Es geht um Klarheit und Durchblick für alle. Je größer die Transparenz in einem System ist, desto größer ist meist auch die Zufriedenheit, weil sich alle einbezogen und ernst genommen fühlen. Was also kann auf welche Weise durchsichtig oder durchschaubar sein bzw. gemacht werden? Im Laufe der Zeit habe ich sieben verschiedene Problemfelder der Transparenz entdeckt und unterscheiden gelernt, die für mich als Leitung im Blick zu behalten sind.

Mangelnde Transparenz kann sich zeigen:

- *als ein Problem des Informationsflusses.* Wer muss was, wann und in welcher Form mitteilen bzw. wissen? Und warum funktioniert das nicht?
- *als ein Problem von fehlenden Meta-Informationen.* Sind da unklare und sich widersprechende Informationen im Raum, die eine zusätzliche Erklärung brauchen?
- *als ein Problem der Strukturen oder des Umgangs mit Strukturen.* Sind die Strukturen klar? Kann mit ihnen

das gewünschte Ziel erreicht werden? Werden sie ihrem Zweck entsprechend genutzt?

- *als ein Problem des Kommunikationsstils bzw. der Persönlichkeit des Leitenden.* Kommuniziere ich genug und klar genug? Wenn nicht, was hindert mich?
- *als ein Problem des natürlichen Spannungsbogens von Prozessen.* Wie kann ich die Spannung so gering wie möglich halten, die entsteht, weil manche Ereignisse bzw. Prozesse „Inkubationszeiten" haben oder weil es konkurrierende Prioritäten gibt (zum Beispiel Diskretion in Personalfragen)?
- *als ein Problem der Wahrnehmung, des Hörens aufseiten der Mitglieder.* Was tun bei so erstaunlichen Phänomenen wie „selektiver Schwerhörigkeit"?
- *als ein Problem der Zustimmung.* „Ich habe das nicht gewusst" oder „Ich werde nicht gehört" heißt manchmal auch: „Ich will das nicht". Wie damit umgehen?

Als ein Problem des Informationsflusses

Wer muss von mir wann über was informiert werden? Was da so simpel klingt, ist gar nicht so einfach, schon gar nicht im Eifer des Gefechts oder wenn sich bei mir als Leitung mit der ersten Routine die Achtsamkeit bereits reduziert hat. Welche Informationswege habe und nutze ich? Da ist zunächst einmal meine Stellvertreterin, mit der ich mich in einem eher informellen Daueraustausch befinde. Wenn es etwas Besonderes gibt, treffen wir uns auch geplant zu Austausch und Information. Sie ist als mein Alter Ego bei fast allen wichtigen Terminen dabei. Dann gibt es den Rat als Institution, von dem noch die Rede sein wird, wenn es um die Strukturen geht. Hier gibt es regelmäßige Treffen mit Tagesordnung und Protokoll. Zur Information aller stimmberechtigten Schwestern gibt es die Kapitel, die in einem eigenen Raum, dem Kapitelsaal, stattfinden. Bei diesen Treffen geht es um wichtige Themen und Entscheidungen, die meist durch Abstimmung getroffen werden. Dieser Kreis kann auf alle Mitglieder, also auch die in Ausbildung, erweitert werden. Es wird ein Protokoll geschrieben. Alltägliche Informationen können entweder bei den Mahlzeiten, die wir schweigend einnehmen, gegeben werden oder im Rahmen unseres täglichen informellen, aber verpflichtenden Treffens, der sogenannten Rekreation. Hier erfährt die Gemeinschaft Neuigkeiten von allen Mitgliedern. In diesem Rahmen werden manchmal auch kleinere organisatorische Informationen gegeben oder Fragen geklärt.

Das sind eine Fülle von Möglichkeiten, die alle im Blick gehalten werden wollen. Tatsächlich passiert es mir immer mal wieder, dass ich nachfragen muss: Habe ich das schon erzählt? Bevor ich Priorin wurde, hätte ich so etwas nie vergessen, aber nun ist meine Kommunikation durch das Leitungsamt viel komplexer geworden, und ich habe viele Personen und meist auch mehrere Ebenen zu informieren. So passiert es mir gelegentlich, dass ich nur noch weiß, dass ich etwas schon erzählt habe, aber nicht mehr wem. Es findet sich zum Glück immer jemand, der mich erinnert oder der nachfragt.

Als ein Problem von Meta-Informationen

Als Meta-Information bezeichne ich eine Information über Informationen, die unausgesprochen im Raum stehen und den offiziellen Informationen bisweilen widersprechen. Das sind die Dinge, die „man" als Insider einfach weiß, die Neulingen und Außenstehenden aber (noch) unbekannt sind. Ein Phänomen, das vor allem für neue Mitglieder zu einem echten Problemfeld der Transparenz werden kann. Ähnlich schwierig sind geheime Regeln, die zu den offiziellen, aufgeschriebenen oder besprochenen hinzukommen. Diese ungeschriebenen Regeln gibt es in jeder Gruppe, oft zusammen mit unterschwelligen Idealen. Sie sind so bindend wie „ewige Gesetze". Ein amüsantes Beispiel nennt Eberhard Stahl, den ich in meinem Studium in Frankfurt live erleben durfte, in seinem Buch *Dynamik in Gruppen. Handbuch der Gruppenleitung*[14]. Gelingt es, solche ungeschriebenen und zumeist unantastbaren Regeln ins Bewusstsein zu heben und dialogfähig werden zu lassen, sind sie meist ein echter Lacherfolg. Gelingt dies nicht, erzeugen sie beträchtliche Irritationen. Dazu drei klösterliche Beispiele. Ähnlichkeiten mit lebenden Personen sind dabei rein zufällig:

Regel 1: Es gibt keine feste Sitzordnung im Rekreationsraum. Ausnahme: ca. die Hälfte aller Plätze.

Regel 2: Im Kloster reden alle nur das Nötigste und schweigen konsequent auf den Gängen, besonders im Kreuzgang. Zu beachten: Eine jede ist gehalten, sich am Ideal zu orientieren und nicht an der Wirklichkeit.

Regel 3: Wir gehen bei offiziellen Anlässen immer in einer festgelegten Reihenfolge (kanonische Ordnung). Ausnahme: Schwester O. hat immer Vorfahrt.

Das Problem fehlender Meta-Informationen besteht darin, dass ein Nicht-Insider oder Neuling nicht nur den Widerspruch bemerkt, sondern auch, dass alle anderen genau wissen, was gespielt wird. Deshalb fühlt er oder sie sich ausgeschlossen oder auch blamiert, wenn diese fehlenden Informationen zu peinlichen Situationen oder gar Konflikten führen.

Als ein Problem der Strukturen oder des Umgangs mit Strukturen
Das Thema Transparenz gehörte zu den geerbten Themen
zu Beginn meiner ersten Amtszeit als Priorin. Ziemlich direkt nach meiner Wahl zur Priorin haben wir uns deshalb
gemeinsam mit dem Thema Rat beschäftigt. Dieses vom
Kirchenrecht vorgeschriebene Gremium wurde von vielen
Schwestern als eine Art Blackbox erlebt. Es produzierte Entscheidungen, die mit den Worten vorgestellt wurden: „Wir
haben im Rat beschlossen ...", ohne dass klar war, wer was,
wie, warum beschlossen hat. Nach einigen Gesprächsrunden bat ich die Schwestern, kurz aufzuschreiben, was ihnen
daran wichtig ist. Daraus einige Ausschnitte:

> „Ich finde den Rat wichtig als eine kleine, repräsentative
> Gruppe, in der Themen für das Kapitel vorbereitet oder
> Themen besprochen werden, die der Diskretion bedür-
> fen.
> Der Rat ist ein beratendes, kein entscheidendes Gre-
> mium ... Deshalb sollten Formulierungen wie ‚Der Rat
> hat entschieden, dass ...‘ unterbleiben. Die Entscheidun-
> gen müssen demzufolge von der Priorin getroffen und
> verantwortet werden. Der Rat soll keine ‚Geheimwaffe‘
> gegen eine Schwester sein.
> Was im Rat besprochen wird, sollte für die Gemeinschaft
> so transparent wie möglich und so diskret wie nötig sein.
> Wer ein Thema einbringt, hat ein Recht auf eine zeitnahe
> Rückmeldung.
> Die Sachkompetenz der Schwestern sollte bei Beratun-
> gen berücksichtigt werden, indem sie hinzugezogen
> werden.
> Dinge auch sofort der ganzen Gemeinschaft sagen."

Ein Mangel an Transparenz wurde von vielen in doppelter Weise erlebt. Zunächst weil die Funktion des Gremiums – nicht in der Theorie, aber in der Praxis – unklar war. Es diente der Entscheidung statt der Beratung. Ein verbales Sich-Verstecken der Leitung hinter dem Rat wurde als manipulativ erlebt. Dieses Problem ließ sich durch eine klarere Sprache abmildern, aber nicht ganz lösen. Denn dahinter stand auch die Spannung, dass nicht alle Schwestern Mitglieder im Rat sein können. Dies kann jedoch strukturell nicht aufgelöst werden. Das zweite Grundproblem lag in einer Erfahrung der Ohnmacht gegenüber diesem Gremium, vor allem wenn es sich um persönlich wichtige Themen oder Themen des eigenen Arbeitsbereiches handelt. Dies ließ sich durch neue Formen der Beteiligung weitgehend lösen.

Als ein Problem des Kommunikationsstils bzw. der Persönlichkeit des oder der Leitenden

Dies ist keineswegs nur ein Übungs- bzw. Problemfeld der Priorin, sondern aller, die in irgendeiner Form Verantwortung übernommen haben. Menschen sind verschieden, auch Menschen in Leitungspositionen. Manchen fällt es leicht, sich klar auszudrücken, anderen nicht. Unklarheit, Reden in Andeutungen, Langatmigkeit, unnötige Emotionalität, Steno-Stil, belehrender oder suggestiver Unterton, undeutliches Sprechen und vieles andere mehr machen allen das Leben schwer. An Problemen dieser Art lässt sich arbeiten, ebenfalls an Schwächen der Transparenz, die in der Persönlichkeit liegen. Da ist eine vielleicht eher verschlossen und sagt zu wenig, jemand anders ist allzu gesprächig und kann auch diskrete Inhalte schlecht für sich behalten und noch andere sind so wenig organisiert, dass Unklarheiten vorprogrammiert sind. Was sich nicht ändern lässt, ist ein gewolltes Zurückhalten von relevanten Informationen. Das trägt natürlich nie zur Transparenz bei und wird normalerweise auch nicht verborgen bleiben, sondern Widerstände evozieren. Informationspolitik ist immer auch Machtpolitik, bewusst oder unbewusst.

Als ein Problem des natürlichen Spannungsbogens von Prozessen
Dies ist ein schwieriges, aber meist wenig beachtetes Problemfeld der Transparenz. Gerade große, gemeinschaftsrelevante Themen entwickeln sich über eine gewisse Zeit. Ich habe dies für mich Inkubationszeit genannt. Unterschwellig ist dann für viele schon zu spüren: Da ist irgendetwas, aber man kann noch nicht sagen, was es ist. Dies erzeugt immer Spannung und Unruhe in einer Gemeinschaft oder Gruppe. Die Zeit vor der Wahl einer Priorin ist ein Musterbeispiel für dieses Problem. Dauern solche Situationen lange oder sind intensiv, dann besteht Eskalationsgefahr. Ähnlich ist es mit konkurrierenden Prioritäten, die ebenfalls ein besonders schwieriger Bereich der Transparenz sind. Gerade im Bereich der Personalfragen kann es geschehen, dass Personenschutz und Diskretion den Vorrang haben müssen vor der umfassenden Information aller. Auch in solchen Situationen sind Spannungen unvermeidbar. Und natürlich gilt das auch für alles, was irgendeine Form der Geheimhaltung erfordert.

Als ein Problem des Hörens aufseiten der Mitglieder
Die Ursache für Schwächen im Bereich der Transparenz liegt nicht immer bei der Leitung oder in den Strukturen, sondern gelegentlich auch bei den Mitgliedern der Gemeinschaft als Empfänger von Informationen. Es ist nämlich

nicht selbstverständlich, dass die gegebenen Informationen auch gehört und bewusst wahrgenommen werden. Da gibt es ganz erstaunliche Phänomene, denen ich in einer „Anleitung zum Ungehorsam-Sein" einmal nachgegangen bin. Wir haben viel gelacht, als ich das Ergebnis gespickt mit lustigen Bildern und Karikaturen präsentiert habe:

„Um optimal ungehorsam zu sein, muss ich alles tun, um
- zu verhindern, dass die Botschaft, Regel, Vereinbarung mich erreicht.
- nachzuweisen, dass ich die Botschaft … nicht erfüllen kann.
- zu zeigen, dass die Botschaft … falsch oder unberechtigt ist."

Phänomene wie selektive Schwerhörigkeit, mysteriöse Abwesenheiten, gestörte Spracherkennung oder Lärm als Gegenfeuer führen schnell zu der Klage, dass es an Transparenz fehle – eine Klage, die dann oft eine weitere Abwehrstrategie ist.

Als ein Problem der Zustimmung

Ein Sonderfall dieses Transparenzproblems liegt vor, wenn es zu einer hartnäckigen und bisweilen auch emotionalisierten Wiederholung von Aussagen kommt wie: „Ich habe das nicht gewusst" oder auch: „Ich werde nicht gehört". Denn das ist manchmal eine Chiffre für: „Ich will das nicht." Habe ich als Leitung die Informations- und Beteiligungswege überprüft und es ändert sich dennoch nichts, hilft nur, das direkte Gespräch zu suchen, um über das zu reden, womit mein Gegenüber eben nicht einverstanden ist. Gelingt es auch so nicht, das Problem zu lösen, bleibt manchmal nur, das Phänomen in Geduld zu ertragen.

„Den Teufel nicht in den Mund nehmen" – Wertschätzung

Schon lange bevor ich Priorin wurde, habe ich mir gezielt angewöhnt, am Schluss immer „Danke" zu schreiben, wenn ich einen Zettel mit einer Mitteilung oder einer Bitte schrieb. Seit ich Priorin bin, habe ich entdeckt, dass dieses „Danke" geradezu ein Zauberwort ist. Es ermöglicht mir nämlich, Wertschätzung zu zeigen, unabhängig davon, ob ich einer Handlung oder Aussage zustimme oder nicht. Gerade bei wichtigen und kontroversen Themen sage ich in Anhörungen oder Diskussionen bewusst „Danke" zu jedem einzelnen Beitrag. Das ist mehr als Höflichkeit und das ist auch kein Trick, sondern eine Form der Allparteilichkeit. Es stärkt den wechselseitigen Respekt und die Offenheit in der Gruppe. Jeder Beitrag wird so gewürdigt. Nichts fällt ins Leere. Die Erfahrung, dass auf eine Äußerung keine Reaktion folgt, sondern nur Schweigen oder gar ein Pokerface, verunsichert nämlich die meisten Menschen zutiefst.

Es war für mich ein Aha-Erlebnis, als ich das erste Mal im Kontext von Mediation den schon genannten Spruch „Den Teufel nicht in den Mund nehmen" gehört habe. Gemeint ist damit, dass während einer Mediation unbedingt vermieden werden sollte, dass das Verletzende, das zwischen den Parteien steht, ständig verbal wiederholt wird. Die Gefahr ist groß, dass dies geschieht, weil hier starke emotionale Energien gebunden sind und die meisten Menschen nach dem Motto reagieren: „Wovon das Herz voll ist, davon fließt der Mund über" (Lk 6,45). Das gilt nicht nur in positiven Situationen wie Erfolgserlebnissen oder Verliebtsein, sondern überall, wo intensive Emotionen im Spiel sind. Auch der Mediator oder die Mediatorin müssen sich hüten, in diese Falle zu gehen. Wer etwas verändern möchte, sei es in einer Gruppe, einer Partnerschaft oder bei sich selbst, ist gut beraten, dies auch grundsätzlich zu beherzigen. Wenn ich mein Problem ständig im Mund führe, wie zum Beispiel „Ich werde immer übersehen" – „Ich kann das nicht" – „Ich habe solche Angst" – „Alle anderen sind besser als ich" – „Niemand liebt mich", dann wirkt das jedem Veränderungsversuch entgegen. Damit meine ich hier keine Aufforderung, zu verdrängen, wie ich mich gerade fühle. Aber es ist schon viel gewonnen, wenn ich diesem Gefühl nicht noch mehr Macht über mich gebe, indem ich solche Sätze ständig laut wiederhole.

Wertschätzung ist eine Frage der Kultur, und es ist ein großer Gewinn für jede Gruppe oder Organisation, wenn es gelingt, eine solche Kultur zu implementieren und zu trainieren. Problemfelder für eine Kultur der Wertschätzung sind neben den vielen als verletzend erlebten Worten, die Tag für Tag in fast allen Gruppen fallen, auch weitere, mehr oder weniger subtile alltägliche Formen der Abwertung, unter denen sich echte Beziehungs- und Atmosphäre-Killer befinden. Hier einige Beispiele:

- Negative nonverbale Signale wie Nicht-Anschauen, Augenverdrehen, Kopfschütteln, mehr oder weniger hörbares Stöhnen bei der Äußerung einer anderen oder auch ein abruptes Abbrechen von Gesprächen. All dies kann – wie beschrieben – bereits Anzeichen einer ernst zu nehmenden Konflikteskalation sein.

- Eine Sprache, die auch Positives negativ ausdrückt, zum Beispiel „Gar nicht so schlecht" oder „Könnte viel schlimmer sein" statt „Das gefällt mir gut" oder „Das finde ich super". Die Wirkung ist den Sprechenden meist nicht bewusst, aber es geht dabei um sehr viel mehr als eine Stilfrage. Solches Sprechen prägt die Atmosphäre.

- Alle Menschen wollen gehört werden und wiederholen ihre Botschaft so lange, bis sie das Gefühl haben, sie ist angekommen. So zu tun, als habe ich nicht gehört, jemanden mehrfach um etwas bitten zu lassen oder die Antwort zu verweigern, bedeutet deshalb eine massive Abwertung und wird als Kränkung erlebt. Das gilt vor allem, wenn es eine asymmetrische Beziehung oder gar ein Abhängigkeitsverhältnis zwischen dem Fragenden und dem Gefragten gibt. Dann ist das ein Mittel des Machtmissbrauchs.

- Selbstabwertung ist oft auch eine Abwertung des oder der anderen, etwa: „Ich bin eben nicht so gut (so intelligent und so weiter) wie du." Oder: „Wenn ich attraktiver wäre, hätte ich den richtigen Partner gefunden." Oder: „Das tue ich jetzt nur, um eine gute Figur zu machen." Wenn ich jemandem einen solchen Satz sage, wird das von den meisten Menschen zu Recht als Kränkung erlebt.

- Chronische Unpünktlichkeit oder Unzuverlässigkeit kosten nicht nur alle unnötig viel Zeit und Energie, sondern sind auch ein Ausdruck von mangelndem Respekt oder gar Ablehnung.

Ob dies nun eine Frage unserer Kultur ist oder ein allgemein-menschliches Problem: Ich mache immer wieder die Erfahrung, dass bei den meisten Menschen negative Eindrücke und Erfahrungen viel stärkere und dauerhaftere Spuren hinterlassen als positive. Ob es sich um kleine Probleme, Fehler, Konfliktfelder handelt oder um alltägliche Erfahrungen der Zurücksetzung, des Übersehen-Werdens, eines harten Tons, erlebter Abwertung: All diese Dinge wirken viel stärker und länger nach als die schönen Momente, in denen ich mich gesehen, geschätzt, angenommen fühle. Vor einiger Zeit las ich zufällig einen Zeitungsartikel[15], der überschrieben war mit den Worten: „Nur unser Kopf verhindert, unendlich geliebt zu werden", denn „unser Verstand will uns glauben machen, dass alles viel komplizierter ist ..." Folgende Lösungen wurden von einer Paarberatung darin angeboten:

> „Sie schaut nicht einmal auf, wenn er von der Arbeit nach Hause kommt? Was nach einem großen Beziehungsproblem klingt, erfordert oft keine aufwendige Lösung. ... Warum ist es eigentlich so, frage ich mich immer wieder, dass wir genau wissen, was wir tun oder lassen sollen, und dann doch immer wieder das Gegenteil davon tun? Nämlich genau das, was es zu vermeiden gilt.
> Wir geben unseren Paaren von Anfang an fünf einfache Aufgaben. Wir nennen sie die ‚fabulösen fünf'. Diese täglich zu praktizieren, das haben alle bestätigt, bewirkt viel Gutes. ... Diese fünf sind: 1. eine freundliche Begrüßung, wenn man aufwacht und nach Hause kommt, 2. ein Kompliment oder eine Wertschätzung, 3. eine innige Umarmung und / oder ein Kuss, die länger als fünf Sekunden dauern, 4. sich immer mit Freundlichkeit und Respekt zu behandeln, wie man es mit Arbeitskollegen und Freunden tut, und 5. Fehler zugeben und sich entschuldigen."

Ist es wirklich so einfach? Meine Antwort lautet ganz klar: Ja! Vorausgesetzt, ich tue auch wirklich etwas dafür. Wenn von Wertschätzung die Rede ist, geht es meist um die gefühlte Mangelerfahrung des Menschen, der darüber spricht und in der Regel dann auch ein Mehr an Wertschätzung einfordert. Wertschätzung ist aber zunächst einmal kein Gefühl, sondern eine Entscheidung und konsequentes Handeln. Es ist eben eine Frage der Kultur und des Trainings. Nur so können alle die gegenseitig geschenkte Wertschätzung auch emotional erfahren.

Schon bevor ich Priorin wurde, hat mich dieses Thema beschäftigt. Nach der Wahl habe ich es dann zum Inhalt meiner Ansprache im Friedenskapitel 2012 und zum Jahresthema gemacht. Das Friedenskapitel, das wir am Ende jedes Jahres halten, gehört zu den besonders intensiven Gemeinschaftserfahrungen. Es geht um einen gemeinsamen Jahresrückblick, aber auch darum, Belastendes bewusst loszulassen und einander den Frieden zu wünschen. Hier ein Ausschnitt aus meiner Ansprache zum Thema Wertschätzung, die genauso simpel klingt wie der genannte Zeitungstext:

„Und dies ist nun die Übung: konkrete, praktische Formen von Wertschätzung zu üben. Der Auftrag an eine jede von uns lautet: Wenigstens einmal an jedem Tag dieses Jahres ganz bewusst einer anderen meine Wertschätzung zu zeigen. Wenn das jeden Tag 30 Mal zusätzlich zu dem, was da bisher geschehen ist, geschieht, wird dies, da bin ich sicher, uns allen guttun.

Wertschätzung wird konkret im …
- bewusst „Danke" sagen;
- Begrüßen und Verabschieden;
- einander Anschauen, wenn ich einer Schwester auf dem Gang begegne;
- einander Anlächeln;
- Gratulieren, in Aufmerksamkeiten und kleinen Geschenken zu persönlichen Feiertagen;

- Zuhören, Ausreden-Lassen;
- Aktiv Zuhören, das heißt, sagen (zeigen), was bei mir angekommen ist. Keine Aussage, von der ich merke, dass sie der anderen wichtig ist, ins Leere gehen lassen;
- Bereit-Sein, mich zu entschuldigen;
- Lob. Wenn mir etwas gefällt oder positiv auffällt, ich von etwas beeindruckt bin, sollte ich es auch laut und an der richtigen Stelle sagen;
- Sehen, wenn es einer anderen nicht gutgeht, und mit einem Wort oder einem Zeichen etwas Gutes sagen oder tun."

So sehr Wertschätzung als Haltung eine Frage der Entscheidung und der Übung ist, so wahr ist natürlich auch die Aussage: Nur wer selbst Wertschätzung erfährt, wird dauerhaft Wertschätzung geben können.

Einige positive Entwicklungen habe ich in den vergangenen Jahren bei uns beobachtet, über die ich mich sehr freue und die teilweise ganz spontan entstanden sind. Insgesamt ist das Zuhören in der Rekreation, unserem abendlichen Austauschtreffen, sehr viel besser geworden. Wenn eine Schwester unterwegs war oder sonst etwas zu erzählen hat, achten alle mit darauf, dass sie auch Raum dafür findet. Natürlich ist bei rund dreißig vitalen Frauen immer viel los, so dass es auch in solchen Erzählrunden wenigstens eine elementare Form der Moderation braucht. Aber die Gemeinschaft hat gelernt, gemeinsam darauf achten, wer jetzt dran ist. Wenn ich eine Schwester übersehe oder die Reihenfolge nicht einhalte, macht mich eine andere sofort darauf aufmerksam. Besonders schön finde ich den spontanen Applaus, wenn eine Schwester etwas Besonderes getan hat – von bestandener Prüfung bis Kuchenbacken. Er ist ein kostbares Zeichen von wohlwollender Gemeinschaft. Irgendwann geschah es das erste Mal ganz spontan und ist nun schon zu einer neuen Tradition geworden, in der sich eine Atmosphäre bezeugt, in der Menschen einander etwas von Herzen gönnen können. Genauso spontan ist eine weitere neue Tradition entstanden. Eine Schwester hat damit angefangen, die anderen haben es nachgemacht. Inzwischen schreiben alle einen Dank für das, was sie an einem persönlichen Feiertag Gutes erfahren haben, an unsere Tafel, die vor der Klosterkirche hängt. Hier hat der Dank über ein kleines Tabu gesiegt; denn lange Zeit war es üblich, dass nur notwendige Informationen an diese Tafel geschrieben wurden, meist von der Priorin. – Dies sind solche kleinen Dinge, die einen großen Unterschied machen.

Das Thema Wertschätzung bleibt ein Dauerthema, auch im Kloster. Alle Beziehungsräume, seien es nun Partnerschaft oder Familie, Freundeskreis, Verein oder Institutionen und Organisationen jeder Art, gleichen da einem Garten. Wenn Leben darin wachsen und erhalten bleiben soll, dann muss der Garten bearbeitet werden. Das geht nicht ohne ein immer neues Säen, Pflanzen, Gießen, Jäten … Nur so wird es Blumen und Früchte geben, über die wir uns freuen können.

KRISE

Es gibt keine Entwicklung ohne Phasen der Krise. Sie kommen meist dann, wenn ich sie am wenigsten erwarte. Wer versucht, etwas zu verändern, wird dieser Erfahrung von „Nacht" nicht entgehen. *Krisis* bedeutet Entscheidung, Wendepunkt. Dieses Kapitel erzählt von meinen Krisenerfahrungen als Leitung, von meinen Versuchen, sie zu bewältigen, und von dem, was ich dabei gelernt habe.

Im Bodennebel oder Altlasten 2

Im Frühjahr 2013 trat bei mir eine gewisse Entspannung ein. Im Sommer würde die Mitte meiner ersten Amtszeit erreicht sein. „Jetzt läuft es, jetzt bin ich angekommen", dachte ich. Mein Studium in Frankfurt war erfolgreich abgeschlossen, eine Reihe Problemfelder waren bereits gut bearbeitet und ich hatte eine erste Routine entwickelt, die mich entlastete, weil ich nicht mehr über jedes Detail nachdenken musste. Besonders freute mich, dass wir seit Sommer 2011 eine ganze Reihe Eintritte hatten und die Gemeinschaft somit recht schnell wuchs. Ich war mit der Entwicklung und mit mir selbst zufrieden und fühlte mich in meiner Rolle wohl.

In dieser Zeit hatten wir in der Gemeinschaft angefangen, über unsere Arbeitskleidung zu reden. Das ist ein Thema von der Art, wie es in einer Gruppe angegangen werden kann, wenn es keine größeren Themen und Probleme gibt. Es ging dabei um ganz simple Alltagsfragen. Aber irgendwie lief es nicht. Statt einer schnellen Lösung, mit der ich gerechnet hatte, gab es lange kontroverse Diskussionen, die nicht enden wollten. Nach einigen Gesprächsrunden versuchte ich es damit, dass ich das Dilemma auf den Punkt brachte, in der Hoffnung, dass die Gemeinschaft von alleine merkt, dass das Ganze leicht absurd zu werden drohte – wobei ich mir einen leisen Unterton von Ironie nicht verkneifen konnte:

„Was uns bewegt:

- Einerseits können wir uns ein Arbeiten ohne Schleier nicht vorstellen; andererseits sind wir mit dem jetzigen Arbeitsschleier sehr unzufrieden.
- Einerseits hätten wir gerne Einheitlichkeit (Arbeitskleid und Schleier); andererseits erkennen wir, dass es Arbeiten gibt, bei denen das nicht gut geht, und dass die Bedürfnisse der Schwestern sehr verschieden sind.
- Einerseits erkennen wir, dass eine Arbeitskleidung mit Hose in vielen Bereichen (Bibliothek, Fensterputzen, Möbelschleppen etc.) zur Sicherheit beiträgt oder notwendig ist; andererseits möchten wir, dass Latzhose bzw. Arbeitshose nur als Ausnahme (Garten und Hausmeisterei) getragen werden, und so weiter."

Ich war nach den vergeblichen Lösungsversuchen ziemlich genervt. Wo ist hier eigentlich das Problem? Überrascht und irritiert stellte ich fest, dass es einfach zu keiner Einigung kam, obwohl wir schon sehr viel schwierigere Themen gemeinsam erfolgreich bearbeitet hatten. Rückblickend ist mir natürlich klar, dass dies eines der ersten Symptome der Krise war – ein Mini-Stellvertreterkrieg. Denen, die ständig widersprachen und problematisierten, ging es um etwas anderes.

Als sich nach auffallend emotionalen Diskussionen noch immer kein Ergebnis zeigte, beendete ich das Thema durch eine Entscheidung, die ich mit folgenden Worten ankündigte: „Wir haben viel geredet und festgestellt, dass es ein breites Spektrum an Meinungen gibt, die sich nicht leicht unter einen Hut – oder besser Schleier – bringen lassen. Zusammen mit dem Rat habe ich versucht, daraus ein Konzept zu entwickeln, das möglichst viele Werte und Bedürfnisse berücksichtigt. Ich höre mir gerne jeden schwerwiegenden Einwand an und bin für jedes persönliche Problem in diesem Zusammenhang offen. Morgen früh bin ich im Priorat! Im Kapitel morgen möchte ich keine Zeit mehr damit verlieren."

In den folgenden Monaten häuften sich Signale von Unruhe und Spannung, die ich nicht zuordnen konnte. Was ist los?, fragte ich mich. Ich brachte diese Frage als Thema in meinen Rat ein, der sich in dieser Zeit gerade zu einer neuen dreijährigen Amtszeit konstituiert hatte. Hier fielen erstmals die Worte: „Es ist Unmut im Raum." Mein Nachfragen, was denn die Ursachen seien, brachte allerdings keine Klarheit. Was tun? Ein Wort von Papst Franziskus kam mir in den Sinn: „Der Hirte muss nicht immer nur vor der Herde laufen. ‚Manchmal muss er in ihrer Mitte bleiben und manchmal hinterhergehen …'"[16] So erlaubte ich drei Ratsschwestern, die einen Gesprächsprozess mit dem ganzen Konvent vorschlugen, nach geeigneten externen Begleitern zu suchen. Meine einzige Bedingung war, dass diese mit dem Ansatz der Gewaltfreien Kommunikation arbeiten sollten.

Im Herbst machten wir mit zehn Schwestern eine Studienfahrt nach Frankreich, zunächst nach Paris, wo im 17. Jahrhundert unsere ersten Gemeinschaften gegründet wurden, und dann nach Rouen, wo es noch ein Kloster aus dieser Zeit gibt, in dem sich viele Zeugnisse aus der Gründungszeit befinden. Anlass war der 400. Geburtstag unserer Gründerin, der 2014 gefeiert werden sollte. Es war ein schönes Erlebnis, brachte aber keinerlei Entspannung. Vielmehr wuchs die atmosphärische Irritation zum Jahresende hin immer weiter an. Natürlich war mir bewusst, dass es Probleme und Belastungen in verschiedenen Arbeitsbereichen bzw. bei einzelnen Schwestern gab, aber ich konnte keinen Zusammenhang feststellen. Gab es wirklich ein grundlegendes Problem? Oder war es nur eine Allianz unterschiedlicher, mir durchaus bekannter Schwierigkeiten Einzelner, die sich irgendwie verbündet hatten?

Im Dezember und Januar ging es in mehreren Kapitelsitzungen um die Frage: Wollen wir einen Gesprächsprozess und wer soll ihn professionell begleiten? Nachdem viele Schwestern sich zunächst irritiert zeigten und fragten, wozu wir das denn bräuchten, entschied sich die Gemeinschaft schließlich für den Gesprächsprozess. Bewusst verhielt ich mich weiterhin eher passiv und ließ die Schwestern unter zwei infrage kommenden Beraterinnen, die sich persönlich vorgestellt hatten, frei und geheim wählen. Die Entscheidung war eindeutig und bereits im Februar 2014 konnte es dann losgehen. In der ersten Sitzung entluden sich teilweise massive Emotionen und ich wurde von Einzelnen als Leitung heftig angegriffen. Dabei zeigte sich in einigen Aussagen eine Polemik, die auf mich völlig irrational wirkte. In dieser Zeit berichteten mir auch Schwestern, dass sie „im Off" Sätze zu hören bekommen hatten wie: „Die muss weg." Wurde hier im Hintergrund von einigen mutwillig eskaliert? Warum? Noch immer zeigte sich kein greifbares grundlegendes Problem, das diese Reaktion für mich nachvollziehbar gemacht hätte. Hilfreich war für mich die Aussage unserer Prozessbegleiterin: Es sei oft so, dass 3–4 Jahre nach einem Leitungswechsel noch einmal alte Themen an die Oberfläche kämen.

Zufällig ploppte kurz danach ein massives Problemfeld in einem Arbeitsbereich auf. Ein Leitungswechsel in der Verwaltung, der zu einer systematischen Durchsicht von Unterlagen führte, brachte ein schwerwiegendes Problem zutage, zu dessen Lösung zusätzliche professionelle Hilfe gebraucht wurde. Sogleich war mir klar, dass ich hier in der Vergangenheit einen Fehler gemacht und „eine rote Ampel überfahren" hatte, weil ich mehrere Warnungen von Mitarbeitern nicht ernst genommen hatte. Ich hatte sie für ein Symptom persönlicher Konflikte und Animositäten gehalten. Jetzt erwies es sich als günstig, dass bereits eine externe Begleitung für die Gemeinschaft da war. Die nächsten Treffen wurden zur Bearbeitung dieses Problems genutzt. Obwohl es sich um bewiesene Fakten handelte und ich mich bemühte, ruhig und sachlich zu bleiben und eine konstruktive Lösung zu finden, kam es dabei mehrfach zu Wutausbrüchen mir gegenüber. Da nutzte auch die Intervention der anwesenden Fachfrau nichts, die wiederholt betonte, dass ich als Leitung genau so handeln müsse, wie ich es jetzt tue. Wir fanden nach einigen Wochen eine konstruktive und sogar menschlich sehr großzügige Lösung, der die Gemeinschaft einstimmig zustimmte. Allerdings war ein Leitungswechsel im betroffenen Arbeitsbereich unvermeidlich.

Der moderierte Gesprächsprozess konnte sich danach wieder anderen Themen zuwenden. In einer Runde, in der uns die Prozessbegleiterin fragte, in welchen Eigenschaften wir unsere besonderen Stärken sähen, sagte ich spontan: „kreativ und belastbar". Auf den Zetteln der Gemeinschaft zu meiner Person waren „großzügig, engagiert, intelligent" häufige Rückmeldungen. Nach einem intensiven Gesprächstag im Juli zum Thema Ausbildungskonzept und Ausbildungsleitung, das uns schon seit 2011 beschäftigte, sagte die Begleiterin zu mir: „Das war jetzt das erste Mal, dass Sie nicht angegriffen wurden."

Neben den gemeinsamen Veranstaltungen gab es auch die Möglichkeit, begleitete Gespräche in allen gewünschten Konstellationen zu führen – meist ging es um Konflikte. Ein Teil dieser Gespräche brachte gute individuelle Klärungen. Im Sommer zeigte sich dann noch ein neues Problemfeld. Zwei Ratsschwestern fühlten sich in ihrer Rolle nicht wohl und wollten, nach mehreren moderierten Gesprächen auch in diesem Gremium, aus dem Rat aussteigen. So wurde der Rat im Oktober zum zweiten Mal neu konstituiert. Diese neue Konstellation erwies sich für mich bis zum Ende meiner ersten Amtszeit als konstruktiv und hilfreich.

Zum Ende des Jahres hin wurde die Gemeinschaft gefragt, ob sie mit den Gesprächen weitermachen wolle. Die Antwort bei einer geheimen Abstimmung im Dezember lautete fast einstimmig: Nein. So verabschiedeten wir uns mit Dank von unserer Beraterin. Einige von denen, die diesen Gesprächsprozess dringend gewünscht hatten, sagten jedoch: „Das hat nichts gebracht." Für mich war es eine anstrengende Zeit, aber ich habe sie nie bereut, im Gegenteil. Was ich im Herbst 2013 vermutet hatte, war für mich nun Gewissheit. Es gab kein grundlegendes Problem, das die ganze Gemeinschaft betraf, und – abgesehen von einem geradezu klassischen Machtkampf – auch kein Leitungsproblem. Was es gab, waren eine Reihe von Einzelproblemen, die für mich nun viel klarer wahrzunehmen und in ihrer Wirkung einzuschätzen waren. Sie hatten alle eine lange, oft eine jahrzehntelange Vorgeschichte. Aha, dachte ich: Altlasten 2. Warum aber kamen sie erst jetzt zum Vorschein? Und warum erzeugten sie eine kollektive Krise, während die ersten Altlasten im individuellen Bereich weitgehend gelöst oder zumindest deutlich verbessert werden konnten? Ich vermutete, dass dies am jeweiligen Typ der Betroffenen lag. Manche Menschen lösen ihre Probleme, indem sie sie eher still nach innen bearbeiten, andere dagegen agieren sie nach außen aus und neigen beispielsweise zur Projektion.

Was mich am meisten beschäftigte, war eine eher subtile Wahrnehmung. In diesem Prozess war es irgendwie zu einer Lockerung tiefsitzender gewachsener Strukturen und Beziehungsgeflechte gekommen. Während es bis dahin die immer selben Schwestern waren, die sich in Kapiteln als erste und oft dominant zu Wort meldeten, machten nun alle viel intensiver mit. Einige Schwestern, die bisher im Hintergrund standen, hatten Verantwortung übernommen. Zugleich waren neue Beziehungen gewachsen. Das Ergebnis war eine Veränderung auf einer sehr tiefen Ebene, die sich in der weiteren Entwicklung als tragfähig erweisen sollte. Mit dem Ende des Gesprächsprozesses war die Geschichte natürlich noch nicht zu Ende. Es kam schon im folgenden Jahr zu einer zweiten Phase, in der es dann auch darum ging, Verluste zuzulassen und Abschied zu nehmen.

Als Blitzableiter: Von Schattenspielen und Machtkämpfen

Zurück zur Mikropolitik, nun in ihrer dunklen, destruktiven Form. So wie Mikropolitik höchst effektiv zur Integration eingesetzt werden kann, so kann sie auch negativ zur Eskalation genutzt werden. Neben den konkreten Problemfeldern, die ich am Ende des Jahres 2014 deutlicher als vor dem Gesprächsprozess wahrnahm, war mir bewusst, dass ich es darüber hinaus mit einem Machtkampf zu tun hatte. Es gab eine überschaubare Gruppe, die mich für ihre Probleme verantwortlich machte oder mich einfach nicht mochte und die deshalb versuchte, mich aus dem Amt zu kicken. Mir war auch klar, dass dies hauptsächlich diejenigen waren, die mich nicht gewählt hatten und sich deshalb schwertaten, das Ergebnis der Wahl zu akzeptieren. Nach einer Phase des Stillhaltens kam es nun zum Kampf. Eine konkrete personelle Alternative, von der die Akteure selbst überzeugt waren, schien es allerdings nicht zu geben. Diese Mischung von persönlichen Problemen und einer Hintergrundaktivität des Anstachelns und Sich-Verbündens hatten Unruhe und Unmut wachsen lassen.

Schon lange bevor ich Priorin wurde, habe ich diesen Zustand für mich Schattenspiele genannt. Was meine ich damit? Ich meine die Erfahrung, dass es sein kann – und auch immer wieder geschieht –, dass in einer Gruppe wie durch Geisterhand die Atmosphäre kippt und auf einmal alle oder zumindest viele ihre schwierigen, „dunklen" Seiten zeigen. Es ist eine Art kollektiver Stressreaktion. Ich bin diesem Phänomen der Schattenspiele das erste Mal bewusst begegnet, als ich von 1992–1994 Subpriorin war. So weit zurückblickend ist es relativ leicht zu sagen, was damals die Ursache war. Schließlich kenne ich heute die Ereignisse und

Entwicklungen aus den fast 30 Jahren, die auf die Krise folgten. Was war damals geschehen und warum? Nach einer Leitungskrise, ausgelöst durch eine schwere Erkrankung der amtierenden Priorin, die mit erst 32 Jahren ins Amt gekommen war, ließ ich mich nach langem Zögern mit 30 Jahren zur Subpriorin einer Priorin ernennen, die noch ein paar Monate jünger war als ich. Ich war nicht ihre Wunschkandidatin, das war von vorneherein klar. Sie folgte damit dem Rat anderer. Heute würde ich schon deshalb ein klares Nein sagen. Damals meinte ich, nachgeben zu müssen. Zwei für diese Art Leitungsaufgabe in so einer Situation viel zu unerfahrene Frauen, eine Überforderung durch das Amt selbst und eine spannungsreiche Beziehung, das konnte nicht gutgehen. Und so nahm das Unheil seinen Lauf.

So jung wir auch waren, wir haben auch damals schon versucht, verantwortungsbewusst mit dieser Situation umzugehen, und haben uns professionelle Hilfe geholt – oder zumindest das, was wir dafür hielten. Die wichtigste Beraterin genoss in der weitgehend jungen Gruppe als Mutterfigur ein hohes Ansehen. Sie kam im Herbst 1993, gut ein Jahr nach der Wahl, für einige Tage, um der Gemeinschaft Raum zum Reden zu geben, wie es für eine jede läuft. Zu dieser Zeit war die Atmosphäre bereits mit Spannungen aufgeladen und deutlich irritiert. Ich war für mich zu dem Ergebnis gekommen, dass mir so ein Gespräch jetzt nichts bringt, entschied mich aber dann kurz vor Schluss der Veranstaltung doch noch, dies der Beraterin persönlich zu sagen. Als Reaktion kam mir zunächst eine spürbare Irritation und dann unverhohlener Zorn entgegen, weil ich so lange geschwiegen hatte und auch jetzt inhaltlich nichts sagen wollte. Ich verstand zunächst gar nicht, warum. Erst als ich zu ihr sagte: „Aber du glaubst doch nicht etwa, dass dir hier alle sagen, was sie wirklich meinen", merkte ich schnell, dass der Kern des Problems getroffen war. Sie glaubte genau das. Wir kamen zu keiner Einigung, und nach längerem Ringen ging ich einfach.

Etwa zehn Tage später kam ein Brief an die ganze Gemeinschaft, in der diese Beraterin mich namentlich kritisierte und mir die Verantwortung für die Kommunikationsstörungen gab. Sie forderte, dass ich zu einem klärenden Gespräch zu ihr käme. Ich sagte Nein. In der ohnehin schon angespannten Atmosphäre wurde dies natürlich zum Spießrutenlaufen. Heute würde man von Grenzverletzung und Machtmissbrauch reden. Als ich schließlich im Januar 1994 nachgab, nur um die Sache endlich zu beenden, begleitete mich ein befreundeter Priester. Es gab inhaltlich wenig zu klären. „Da war nichts als Emotionen", kommentierte mein Begleiter auf der Rückfahrt, „und ein gekränktes Ego." Diese nüchterne Bilanz tat mir gut. Mit einem nichtssagenden Brief an alle verlief der Konflikt schließlich im Sande. Lange Zeit habe ich einen Zettel gehütet von einer alten, schon etwas verwirrten Schwester, den ich am Morgen der Fahrt vor meiner Türe fand und auf dem geschrieben stand: Wir sollten gut hören, uns aber nicht bevormunden lassen, „als wäre der Konvent noch in Windeln gewickelt". Das traf es und war eine wunderbare Ermutigung. Diese Erfahrung markiert für mich den Punkt in meinem Leben, an dem ich aufgehört habe, nach einer „Mutter" zu suchen – durchaus als bewusste Entscheidung. Danach dauerte es übrigens rund 15 Jahre, nämlich bis 2009, ehe die Gemeinschaft wieder bereit war, sich auf eine externe Beratung einzulassen.

Warum ich das erzähle? Es ist ein Musterbeispiel für die Dynamik solcher Schattenspiele. Da ist eine Atmosphäre, die von Unsicherheit und mehr oder weniger subtilen Irritationen geprägt ist. Und weil Menschen sehr verschieden sind und auch verschieden schnell wahrnehmen, führt dies in einer Gruppe dazu, dass es ganz verschiedene Interpretationen gibt. Dies führt dann auch ganz schnell zu unterschiedlichen Parteinahmen. Da noch keine klare, für alle sichtbare Ursache zu erkennen, aber ein hoher Druck zu spüren ist, führt all dies leicht zu Vermutungen. Aus denen werden dann auch bald Verdächtigungen, die oft die Leitung treffen. In diesem Stadium gedeihen „Verschwörungstheorien" besonders gut. Es ist die Zeit der Projektionen und Stellvertreterkriege. Gerade die Stellvertreterkriege, also die Verlagerung des unterschwelligen Konfliktes in andere Bereiche, sind ein großes Problem, weil sie zu Kollateralschäden führen. Der Druck im System kommt dann an den schwächsten Stellen heraus und fordert Opfer. Diese Dynamik wurde mir in dieser schwierigen Situation erstmalig bewusst und ich verstand, dass es nur eine echte Lösung geben kann, wenn sich das eigentliche Problem zeigt. Probleme, so sagte ich mir, lassen sich eben nur da lösen, wo sie wirklich sind. So simpel das klingt, so oft verhindern Problemverschiebungen das Finden einer realen Lösung. Es geht darum, so formulierte ich es damals für mich: „das Problem auf sich selbst zurückfallen zu lassen."

Bis dahin war es allerdings noch ein weiter Weg. Zunächst folgte knapp ein Jahr später eine weitere Eskalation, die dahin führte, dass ich als Subpriorin abgesetzt wurde, weil ich an einem strittigen Punkt bei meiner Meinung blieb. Das war der Auslöser, aber nicht die Ursache. Diese Erfahrung hat mir bei der späteren Krisenbewältigung als Priorin sehr geholfen. In dem Bewusstsein, dass ich jetzt als Blitzableiter diene, wurde für mich eine Erfahrung von Freiheit daraus. Da ich zu den Menschen gehöre, die von Natur aus sensibel sind, schnell und bewusst wahrnehmen und dann nicht den Mund halten, eigne ich mich besonders gut dazu. Erst sehr viel später verstand ich, dass mich dies zu einem „wandelnden Katalysator" macht.

Diese Erfahrung, Blitzableiter zu sein, rührt an ein schwieriges, aber wichtiges Thema. Ja, es kommt vor, dass Menschen dies als Dienst verstehen und einwilligen, eine Last zu tragen und eine negative Energie abzufangen, die nicht oder nur zum Teil die ihre ist. Das hat viel mit der Persönlichkeit zu tun und mit der Philosophie, dem spirituellen Background, mit dem ein Mensch unterwegs ist. Diese Ebene wird in einer solchen Situation zur Praxis, reine Theorie hilft da nicht weiter. Ich meine das völlig unpathetisch, aber ich bin davon überzeugt, dass zum Leitungsamt auch eine Leidensbereitschaft gehört und ein hohes Maß an Selbstlosigkeit. Es geht um die Priorität des Ganzen vor dem Eigenen.

In einer Kurseinheit bei meinem Studium in Frankfurt wurde das Thema Coaching im Top-Management bearbeitet. Der Referent stellte die Frage: Was unterscheidet Top-Manager vom mittleren Management? Es ist am ehesten der Total-Einsatz, der Grad der Identifikation. Top-Manager gehen ganz anders und viel selbstverständlicher an ihre Grenzen – Mütter und Väter übrigens auch. Es ist völlig normal, dass Menschen in Führungspositionen allen möglichen Vorwürfen und oft auch einer mehr oder weniger aggressiven Opposition ausgesetzt sind. Ich würde sogar so weit gehen zu sagen, dass in genau dieser Problematik einer negativ aufgeladenen, irgendwie „verknoteten" Atmosphäre ein Kernproblem der allermeisten Gruppen und Organisationen besteht. Viel von der Energie, die für Leitung gebraucht wird, dürfte davon absorbiert werden. Ich kenne kein Patentrezept, wie so etwas aufzulösen ist. Die entscheidende Frage ist, was sich letztlich durchsetzt, die konstruktiven, gemeinschaftsfördernden Kräfte oder die destruktiven, egozentrischen. Wie kann Leitung unter diesen Umständen gelingen?

Dazu zwei Anmerkungen, bei denen es um zwei Bücher geht, die mir wichtige neue Dimensionen erschlossen haben. Das erste fiel mir bereits im Noviziat in die Hände und hat mein ethisches Denken stark geprägt. Es handelt sich um einen Text von Erich Neumann (1905–1960), einem Schüler von Carl Gustav Jung, mit dem Titel *Tiefenpsychologie und neue Ethik*. Erich Neumann schrieb 1948 unter dem Eindruck der Erfahrungen des Zweiten Weltkriegs: „Die Unfähigkeit der Staatsmänner, die dem modernen Menschen so grauenhaft und blutig auffällig geworden ist, liegt im Wesentlichen an ihrer menschlichen Unzulänglichkeit, d. h. ihrer moralisch unterminierten seelischen Struktur, die zu völligem Versagen in allen wirklichen Entscheidungen geführt hat. Späteren Zeiten wird die Tatsache, dass die führenden Staatsmänner in keiner Weise auf ihre menschlichen und moralischen Qualitäten hin geprüft worden sind, genauso grotesk vorkommen, wie es uns heute grotesk erschiene, wenn man einen Diphtherieträger zum Leiter einer Säuglingsstation machen würde."[17]

In dieser Schrift geht es um die Frage nach dem persönlichen Schatten und seiner Wirkung. Menschen, denen der eigene Schatten nicht wirklich bewusst ist, nennt Neumann „infektiös", und eine Ethik, die den Schatten nicht integriert hat, ebenfalls. Es braucht ein ganzheitliches Bewusstsein und eine entsprechende Ethik, damit Menschen in Leitungspositionen nicht mehr Geschichte mit ihrem unbewussten Schatten machen als mit ihrem bewussten Wollen. Dass diese Aussage bis heute nichts an Gültigkeit verloren hat, zeigt sich nicht nur in der Missbrauchskrise der katholischen Kirche, sondern auch in zahlreichen politischen Dramen oder gar Katastrophen. Ohne die Entwicklung einer reifen, geklärten Persönlichkeit muss jeder Versuch zu leiten ins Fiasko führen.

Und das zweite Buch: Zum Sommersemester 1994, also inmitten der beschriebenen Krise, hatte ich mein Studium der Musikwissenschaft, Psychologie und Vergleichenden Religionswissenschaft in Bonn begonnen. Bei einer Vorlesung im Psychologischen Institut – ich weiß nicht mehr, um was es dabei ging – gab der Dozent Gedanken aus einem Buch wieder, die bei mir so stark einschlugen, dass ich sie danach nie mehr vergessen habe. Es ging um das Buch *Die Logik des Misslingens. Strategisches Denken in komplexen Situationen* von Dietrich Dörner[18]. Der Dozent erzählte von einem Experiment zur Entwicklung von „Tanaland", einer fiktiven Region in Afrika. In einer Computersimulation sollte dieses Land zum Besseren hin weiterentwickelt werden, doch fast alle Probanden scheiterten. Diese Erkenntnis wurde für mich zum Aha-Erlebnis. Ich würde diese Einsicht, die primär intuitiv war, so in Worte fassen: „Vorsicht, Falle! Guter Wille allein reicht nicht. Ich muss wie bei einem großen Mobile alle Teile und deren Wirkungen aufeinander im Blick behalten, sie ausbalancieren." Alles, was ich tue, konnte an einer ganz anderen Stelle eine unerwartete Wirkung zeigen. Obwohl ich das Buch nie gelesen habe, ist diese Botschaft für mich bis heute prägend geblieben: Achtung, Komplexität!

„Die Logik des Misslingens" – Komplexität

Zurück zur Situation in unserer Gemeinschaft zum Jahreswechsel 2014/2015. Der Gesprächsprozess war abgeschlossen, hatte einige Klärungen, aber keine vollständige Auflösung der Hintergrundspannungen gebracht. Es dauerte jedoch nur wenige Wochen, bis mich Mitte Januar eine der Protagonistinnen, die maßgeblich am Geschehen beteiligt war, um eine Auszeit von wenigstens einem halben Jahr bat, die sie bereits im Februar beginnen wollte. Ich gewährte ihr dies, sie verließ die Gemeinschaft und sollte schließlich nur noch für einige Tage im Oktober zurückkommen. Nach einigen eher ruhigen Frühlingsmonaten bat mich dann die zweite Schwester, um die herum es ein massives Problemfeld gab, ebenfalls um eine Auszeit. Beide hielten offenbar die Spannung nicht mehr aus, die sie selbst aktiv mit erzeugt hatten. Die dahinterstehenden Probleme fielen auf sich selbst zurück und die Energie, die darin steckte, drängte zu einer Lösung hin.

Wenn sich in einem Klärungsprozess herauskristallisiert, dass in einer Gruppe die Trennung beziehungsweise Loslösung von einem oder mehreren Mitgliedern ansteht, ist das für alle nicht leicht. Je nach Beziehung und Perspektive nehmen die Mitglieder das sehr verschieden wahr, und es ist dabei immer auch Trauerarbeit zu leisten. Einen Übertritt, das heißt den Wechsel in ein anderes Kloster, und einen Austritt aus dem Kloster hatte ich zu Beginn meiner Amtszeit fertig abzuwickeln. Die Auslöser dafür lagen weit vor meiner Zeit. Ein Übertritt ist für eine Gemeinschaft meist leichter zu verkraften als ein Austritt. Er transportiert zwar die Botschaft: „Woanders ist es besser als bei euch", stellt aber den Lebensentwurf an sich nicht infrage. So ein Wechsel enthält auch immer die Chance, in einem neuen Kontext alte problematische Muster zu überwinden. Genauso oft zeigt sich aber auch, dass der Mensch sich selbst überallhin mitnimmt – so auch hier. Die beiden nun anstehenden Übertritte waren meine ersten und einzigen umfassenden Erfahrungen dieser Art in den zwölf Jahren meines Priorates. Am Rande einer Tagung sprach ich mit einem international erfahrenen Abt über eine neue Vorschrift aus Rom, die einseitig die Ausbildungszeit für die Frauenklöster verlängerte. Eines der Argumente dafür lautete, dass es zu viele Austritte gebe. Mein Gesprächspartner, der mir voll und ganz zustimmte, dass diese neue Vorschrift diskriminierend sei, antwortete spontan auf meinen Einwand: „Bei euch Männern gibt es doch viel mehr Austritte." – „Na und. Die meisten, die gehen, tun der Gemeinschaft einen großen Gefallen. Es stecken meist lange Problemgeschichten dahinter." Trennungen können auch echte Lösungen sein.

Zuvor sollte es aber noch einmal eine heftige Eskalation geben, ein beeindruckendes Beispiel für die Logik des Misslingens. Es lohnt sich deshalb, dieser Dynamik auf den Grund zu gehen. Für Oktober 2015 stand bei uns die alle sechs Jahre stattfindende sogenannte kanonische Visitation an. Das ist eine Art Kontrolle, die im Kirchenrecht festgelegt ist, was ja theoretisch eine sinnvolle Sache ist. Irgendwie scheint das aber nicht wirklich zu funktionieren; denn bislang habe ich noch niemanden getroffen, der das auch in der Praxis für eine tolle Sache hält. Dafür kenne ich umso mehr Betroffene, deren Berichte und Meinungen zum Thema Visitation von „Das bringt nichts" bis zu traumatisierenden Erfahrungen reichen. Die häufigste Äußerung, die ich dazu gehört habe, lautet, es gehe darum, zu verhindern, dass die Visitation der Gemeinschaft schade. So sagte es auch 2009 bei uns ein Visitator zu Beginn der Visitation: Wenn eine Visitation die Probleme größer mache statt kleiner, wäre etwas falsch gelaufen. Wir haben anschließend monate-, wenn nicht jahrelang gebraucht, um die Schäden eines katastrophalen Kommunikationsfehlers eben dieses Visitators wieder zu überwinden.

Aus der Perspektive der Organisationsberatung ist die Visitation eines der schillerndsten und unklarsten Formate, die denkbar sind. 2015 habe ich mir das nur gedacht, aber inzwischen habe ich es auch schon wiederholt ins Wort gebracht. Was ist eine Visitation? Ich sehe drei nicht kompatible Ansätze, die sich in einer unheilvollen Gemengelage vermischen:

- Erster Ansatz: In der Praxis ist eine Visitation, zu der verpflichtende Einzelgespräche für alle Mitglieder gehören, etwas, das sich zwischen „Klagemauer", Exerzitien und Beichte bewegt. Werden vertrauliche Einzelgespräche geführt, können anschließend daraus eigentlich keine Konsequenzen gezogen werden. Visitatoren kommen aber mit großen Machtbefugnissen und es wird von ihnen ein bewertender Abschlussbericht erwartet.

- Zweiter Ansatz: Die Veranstaltung ist eine Maßnahme der Organisationsentwicklung oder des Qualitätsmanagements, die Zusammenarbeit, Zielorientiertheit, Motivation etc. in der Gemeinschaft verbessern soll. Dann, meine ich, sollten aber auch Profis kommen, die davon etwas verstehen, was ich in der Praxis bislang weder erlebt noch gehört habe.

- Dritter Ansatz: Das Ganze ist eine Überprüfung kirchenrechtlicher Grundlagen. Dies ist, so meine ich, der eigentliche Zweck einer Visitation. Dann sollte sich die Visitation aber auch darauf beschränken, zu überprüfen, ob die rechtlichen Vorgaben eingehalten werden. Das ist eine formale Angelegenheit, die sich auf einige eher äußerliche Aspekte des klösterlichen Lebens bezieht, nicht aber auf die Gruppendynamik, die Atmosphäre oder die allgemeine Entwicklung der Gemeinschaft.

Und praktisch? 2015 hatten wir im Vorfeld große Probleme, überhaupt Visitatoren zu finden. Es war üblich, dass wir der zuständigen kirchlichen Stelle Vorschläge machten. Die zunächst Angefragten, in der Regel Verantwortliche aus anderen Ordensgemeinschaften, waren entweder überlastet oder hielten von der Veranstaltung nicht viel. Die personelle Decke in den Orden wird immer dünner, und es gibt nur wenige, die sich für solche Aufgaben eignen. Die beiden, die schließlich kamen, waren längst nicht mehr unsere erste Wahl. Wenige Tage bevor es losging, kam per E-Mail noch ein Dritter dazu, der gerade ein entsprechendes Amt im Erzbistum Köln übernommen hatte und „etwas dabei lernen sollte". Niemand fragte mich als Verantwortliche, was ich dazu meine, ja, ich erhielt noch nicht einmal den Originalbrief dieser Ernennung. Niemand dachte darüber nach, dass dann jede einzelne Schwester wie bei einer Prüfungskommission gleich drei Visitatoren gegenübersitzen würde. Bei einem solchen Format werde ich eher etwas über die charakteristischen Stress- und Abwehrmechanismen eines Menschen erfahren als darüber, was dieser Mensch wirklich denkt und meint.

Mir war schon Monate zuvor klar, dass bei dieser Visitation Eskalationsgefahr bestehen würde. Beide Schwestern, die ihre Zugehörigkeit zur Gemeinschaft infrage stellten, würden dabei sein – die eine würde sogar extra deshalb kommen. Die Visitation würde zu einer großartigen Bühne für Schattenspiele werden. Es gab nichts, was ich dagegen tun konnte. Inzwischen denke ich, darin liegt das Hauptproblem dieses Formates, dass es genau dazu einlädt. In der Organisationberatung weiß man längst, dass ohne die Leitung keine Entwicklung möglich ist, selbst wenn diese Leitung gravierende Fehler macht und folgenschwere Schwächen zeigt. Das Konzept Visitation richtet sich oft unreflektiert gegen Leitung, verdächtigt diese. Es schwächt damit die ganze Organisation und fördert oft eher Chaos als Lösungen. Im Herbst 2015 konnte ich mich außerdem des Eindrucks nicht erwehren, dass sich eigene Geschichten der Visitatoren mit der unseren mischten.

Natürlich merkte ich, wie im Verlauf der Visitation die Atmosphäre immer angespannter wurde. Ich versuchte einige vorsichtige Nachfragen bei den Visitatoren, ohne Erfolg. Es fielen Sätze wie: „Wir bestimmen hier." Oder: „Das geht Sie gar nichts an." Schließlich fand ich mich am letzten Tag in einer Art Verhör wieder, wo ich mit allerhand Vorwürfen konfrontiert wurde. Das Ganze verlief nach dem Schema Anklage – Verteidigung. Zu meiner persönlichen Einschätzung der Gesamtsituation als Leitung wurde ich nicht befragt. Es gelang mir, gelassen und freundlich zu bleiben, mich nicht antriggern zu lassen, was sichtlich irritierte. Ich erlaubte mir, den erstaunten Visitatoren, von denen jetzt einer auch zugab, dass sie nicht verstünden, was denn eigentlich los sei, zu sagen: „Sie sehen sicher viel. Und wenn Sie länger und tiefer schauen, werden Sie merken, dass darunter noch viele weitere Ebenen liegen, die zu immer neuen Bewertungen führen. Das geht mir auch heute noch so. Als ich Priorin wurde, habe ich mich immer wieder gefragt: Emmanuela, wo warst du eigentlich die letzten 28 Jahre."

Beim Abschlusstreffen am nächsten Morgen wurde ein im Wesentlichen positiver Bericht verlesen. Es gab keine nennenswerten konkreten Kritikpunkte, dafür aber einige enttäuschte Gesichter. Als Aufgabe sollten wir folgende drei Fragen bearbeiten:

„1. Wie finden wir die richtige Balance zwischen dem Raum für das geistliche Leben und den Ansprüchen des Alltags (Arbeit, Außentätigkeit, Sitzungen und so weiter)?
2. Wie finden wir den rechten Ausgleich zwischen den Belangen der Gemeinschaft und den Bedürfnissen der einzelnen Schwestern?
3. Welche Wege finden wir für das angemessene Verhältnis von Leiten und Geleitet-Werden? Wie kann die gemeinsame Verantwortung für das Ganze bewusster erfahren und gelebt werden?"

Fast hätte ich gelacht. Das sind Dauer- oder Allerweltsfragen, mit denen keine Gemeinschaft je fertig wird. Die Visitatoren kündigten an, zum Gespräch über die Ergebnisse im April 2016 noch einmal wiederzukommen. Ich wurde als Leitung wieder nicht gefragt, ob ich das für sinnvoll halte. Als ich dann den letzten Visitator zur Türe begleitet und freundlich lächelnd verabschiedet hatte, durchzuckte mich der Impuls, die Türe schnell zu schließen. Ich spürte, wie mir meine Geschichtszüge entglitten. Kaum war ich alleine in der Eingangshalle, entlud sich meine Spannung in einem Lachanfall.

Es gab noch einige Nachwehen, die schließlich im Februar 2016 zu einem Gespräch zwischen zwei Visitatoren und dem Rat führten. In diesem Rahmen wurde uns gegenüber auch eine Entschuldigung ausgesprochen, was ich hoch anerkenne. Um Klarheit zu schaffen, richtete ich eine ganz offizielle Anfrage kirchenrechtlicher Art an die zuständige Stelle im Erzbistum Köln. Darauf habe ich bis heute keine Antwort erhalten, dafür wurde die Visitation aber bald endgültig beendet.

Schon Ende Oktober 2015 kam es, wie es kommen musste. Nach so einer Eskalation und einem verlorenen Machtkampf ist es schwer, zurückzurudern und sich wieder zu integrieren. Beide Schwestern, die ja bereits um eine Auszeit gebeten hatten, verließen uns innerhalb weniger Tage. Ob den Visitatoren bewusst war, dass sie einen Anteil an diesem Ausgang der Geschichte hatten? Hätten sie nicht auch integrieren können, statt zu eskalieren? Was hätte dann anders sein müssen? Worin bestand in diesem konkreten Fall die Logik des Misslingens? Es lassen sich leicht einige grundlegend falsche oder zumindest problematische Voraussetzungen des Denkens und Handelns identifizieren, die auch in vielen anderen Situationen des Misslingens maßgeblich sind. Fünf davon sollen hier kurz skizziert werden:

- Da ist zunächst das Fehlen eines gemeinsamen Verständnisses der anstehenden Veranstaltung sowie das Fehlen einer reflektierten und transparenten Methode. Alle verhalten sich so, als gäbe es ein solch einheitliches Verständnis, was eine Visitation eigentlich ist. Niemand macht den Versuch, das zu überprüfen oder transparent zu machen, was er oder sie darunter versteht und wie sie vorgehen wollen. Die Frage ist: Meinen wir dasselbe, wenn wir dieselben Worte gebrauchen? Dies einfach vorauszusetzen, führt oft zu bösen Überraschungen.

- Damit zusammen hängt das Phänomen der egozentrischen Illusion. Es ist ganz normal, dass alle Menschen meinen, richtig hinzuschauen und richtig zu bewerten. Meist bemerkt niemand, dass er oder sie eine ganz individuelle Brille trägt, die alles verzerrt. Hinter dieser Illusion steht das Selbstverständnis, die Realität einer Organisation, einer Gruppe oder eines Menschen wahrnehmen und verstehen zu können – und deshalb die Expertise für die Situation zu haben. Der Prozess meines eigenen Erkennens und Verstehens ist aber nicht identisch mit der Erschaffung der Welt. Es war hart, aber heilsam, als mir dies einmal jemand frontal sagte in einem Moment, wo ich mir meines eigenen Erkennens allzu sicher war. Da hilft nur strikte inhaltliche Abstinenz. Ich kann bestenfalls versuchen, mich einer komplexen, gewachsenen Wirklichkeit vorsichtig anzunähern. Wenn ich berate, liegt die Expertise immer bei dem oder den anderen. Erst wenn er oder sie sich verstanden fühlen, habe ich (vielleicht) ansatzweise verstanden.
- Der „Zirkelschluss" als ein logischer Fehler: Die ungewöhnliche Anzahl der Visitatoren machte die Gefahr besonders groß, sich in der Gruppe der Visitatoren wechselseitig bei der Bewertung der Situation zu bestärken.
- Das Problem des Kontaktes: Die Visitatoren hatten keinen echten Kontakt mehr zu den Visitierten. Kontaktverlust ist jedoch immer ein schwerwiegender kommunikativer Fehler, der mich für die weitere Kommunikation disqualifiziert. In der Organisationsberatung ist dies ein Kunstfehler.

- Ein ganz grundlegender Fehler liegt darin, die eigene Wirkung nicht im Blick zu haben. Es gibt keinen objektiven Standpunkt. Das hat die Naturwissenschaft schon vor Jahrzehnten verstanden.

Trotz des Schmerzes über den Verlust und vieler offener Fragen entspannte sich in den Monaten nach der Visitation die Atmosphäre im Haus deutlich. Am 2. Juli 2016 stand die reguläre Priorinnenwahl am Ende meiner ersten Amtszeit an, auf die wir nun eher innerlich ruhig und äußerlich still zugingen. Es gab keinen Kampf mehr. Die Visitation hatte zu einer frühzeitigen Entladung einer Spannung geführt, die im Kontext der Priorinnenwahl einen viel größeren Schaden hätte anrichten können.

Die wundgeriebene Haut – wo ist meine Grenze?

Natürlich hatte mich die ganze Situation an die Grenzen meiner Belastbarkeit gebracht. Neben dem normalen Pensum meiner Leitungsaufgabe, das an sich schon beanspruchend ist, kam rund zwei Jahre lang die Dauerbelastung einer Krise hinzu, in der ich immer wieder heftigem emotionalen Druck ausgesetzt war. Wie lässt sich das so verkraften, dass keine dauerhaften Spuren bleiben? Bei langanhaltenden oder sich ständig wiederholenden Problemen und Konflikten sehe ich die schwerwiegendste Folge darin, dass Verletzungen und Narben bleiben, die sich immer tiefer „einspuren". Mein Bild dafür ist das einer wundgeriebenen Haut. Es gibt erheblich schwerwiegendere Verletzungen, aber bei kaum etwas reagieren wir auf weitere Belastung und Reibung so empfindlich wie bei wundgeriebener Haut. Das kann so weit gehen, dass ich den Schmerz an einer wunden Stelle schon spüre, wenn ich nur eine Berührung kommen sehe oder befürchte. Dann ist daraus ein Trigger geworden. Das kann passieren, wenn ich mich wieder und wieder derselben Kritik, denselben Vorwürfen oder Angriffen ausgesetzt erlebe. Egal, was ich versuche, es kommen immer wieder dieselben negativen, vielleicht gar aggressiven Reaktionen. Projektionen sind mächtig und wirken immer als ein real spürbares Projektil, das trifft und verletzt.

Mutwillig angewandt, gehört all das in den Bereich der Mobbingstrategien. Ohne eine große Gelassenheit und eine starke innere Sicherheit ist es kaum möglich, dies alles an sich abgleiten zu lassen. Es gibt auch so etwas wie „Leitungsmobbing" und es braucht viel Übung, um dann zu der Reaktion zu kommen: „Annahme verweigert!" – „Danke, ohne mich!" Bei aller berechtigten Kritik, die es immer geben wird, kann ich mich des Eindrucks nicht erwehren, dass Menschen in Leitungspositionen solchen Mechanismen genauso ausgesetzt sind wie zum Beispiel beliebte mediale Zielscheiben in der Politik oder Opfer von Hasskampagnen in den sozialen Medien. Für mich war immer klar: Sollte mir passieren, dass ich diesen Mechanismus der wundgeriebenen Haut an mir beobachte, dann steige ich aus der Leitung aus; denn dann bin ich nicht mehr funktionstüchtig. Bis jetzt ist das noch nicht geschehen. Wie also bin ich in dieser Situation mit dem Stress umgegangen? Was hat mir geholfen?

Stressbewältigung ist natürlich auch eine Frage der Persönlichkeit und deshalb sind meine Lösungen in Stresssituationen nicht einfach übertragbar. Bislang bin ich vom Burnout und von diversen anderen Stresserkrankungen beziehungsweise durch Stress verursachten psychosomatischen Symptomen verschont geblieben. Eine gesunde Frustrationstoleranz und die Fähigkeit zur inneren Distanz helfen mir sehr. Lange bevor ich Priorin wurde, habe ich daran gearbeitet, in emotionalen Situationen nicht die Distanz zu verlieren, nicht sozusagen einfach hineinzufallen in so eine Situation, sondern eine innere Beobachterin zu installieren und zu trainieren. Das gehört zu den normalen Lernprozessen, wenn Menschen sich auf den Weg einer der großen spirituellen Traditionen einlassen, und es ist eine hoch effektive Strategie der Selbststeuerung, die mir jetzt sehr zugutekommt.

Ein stabiles Selbstwertgefühl gehört ebenfalls dazu. Selbstzweifel und Schuldgefühle können sonst unter Stress ins Unermessliche wachsen. Ich darf die Unterscheidung nicht verlieren: „Das ist mein Schuh – und das dein Schuh." Unter Stress braucht es einen guten Selbststand, um sich nicht fremde Schuhe aufdrängen zu lassen. Eine ausreichend starke Motivation zu haben und diese Motivation unter Belastung nicht zu verlieren, ist ein weiterer Schlüssel, der mir ebenfalls sehr dabei hilft, mit Krisen fertigzuwerden. Meine größte Motivation in dieser speziellen Situation war es, die Zukunft unserer Gemeinschaft zu schützen, meine Gemeinschaft vor Schaden zu bewahren.

Das, was es darüber hinaus braucht, um solche großen Belastungen durchtragen zu können, liegt in einem eher alltäglichen Bereich. Es handelt sich um genau die Strategien der Stressbewältigung, die eigentlich jeder kennt. In der Regel ist es der eigene innere Schweinehund, der dafür sorgt, dass das Wissen oft nicht zum Tun führt. Ich möchte all dies die gute Gewohnheit nennen, die am Anfang eine Menge Disziplin erfordert, aber mit der Zeit leicht und unverzichtbar wird. Es ist ein erworbener Geschmack und das Ergebnis von viel Übung. Als Musikerin weiß ich genau, wovon ich rede: Das Üben kommt vor der Performance und hört auch danach nie auf.

Zu diesem Üben gehört ein stabiles Netz von einigen Unterstützerinnen und Unterstützern – darunter auch immer professionelles Coaching oder Supervision –, die an meiner Seite stehen. Selbst wenn ich Fehler mache, geben sie mir ein empathisches, aber auch ein „sauberes" Feedback. Denn das ist eines der Probleme in eskalierten Situationen: Viele Rückmeldungen sind dann mutwillig falsch oder einfach emotional verzerrt. Auch die Pflege solcher Beziehungen braucht Energie und Disziplin. So manches Mal habe ich auf dem Weg zu einem Gesprächstermin gedacht, dass mir das heute eigentlich zu viel ist. Aber es hat sich immer gelohnt. Besonders dankbar bin ich auch für das außergewöhnlich gute Miteinander mit meiner Stellvertreterin. Wir sind zwei sehr verschiedene Menschen und ergänzen uns gut.

Unverzichtbar sind für mich Stille, Gebet, Meditation, freie Zeiten, Abstand, aber auch genug Schlaf. Das halte ich für eine besonders gute Gabe Gottes, dass ich mit einem gesunden Schlaf gesegnet bin, der durch fast nichts zu stören ist. Allerdings hat es bei mir mehr als eine Amtszeit von sechs Jahren gebraucht, ehe ich innerlich so gut auf Abstand gehen konnte, dass ich mich im Kloster nun auch wieder voll und ganz wie zu Hause fühlen kann. Dafür bin ich sehr dankbar. Da meine Lebensform täglich 4–5 Stunden für Stille, Gebet und Meditation vorsieht – teils gemeinsam, teils alleine –, habe ich es viel leichter als die meisten anderen in Leitungsverantwortung, mich immer wieder innerlich klären zu lassen und in einem tragenden Grund zu verankern. Mütter und Väter, Ärzte und Lehrer, Manager oder Politiker können davon meist nur träumen. Es hilft in der Tat sehr. Was es in meiner Welt dagegen nur sehr wenig gibt, ist private freie Zeit. In meinem Alltagsplan ist Freizeit schlicht nicht vorgesehen. Auch an den Wochenenden bleiben dafür, wenn überhaupt, nur wenige Lücken. Deshalb sind die wenigen freien Tage, die ich alle zwei bis drei Monate einplane, umso kostbarer.

Bis zum Alter von etwa 40 Jahren habe ich mir nicht vorstellen können, dass ich einmal freiwillig anfange, ernsthaft Sport zu betreiben, und diesen als Ausgleich wirklich brauche und genieße. Das ist für mich inzwischen eine (Über-) Lebensfrage, die allerdings auch viel Disziplin braucht. Ich walke seit rund 15 Jahren täglich und mache seit etwa zehn Jahren Qigong. Es war eher zufällig, aber es passte sehr gut, dass ich in der Krisenzeit angefangen habe, auch Einzelunterricht in Tai-Chi zu nehmen. Manchmal habe ich dazu gewitzelt: „Kampfsport für Priorinnen".

Wichtig sind für mich auch praktische Arbeiten. Mein Lieblingsort dafür ist die Küche: Kochen oder Obst einmachen. Inzwischen wissen alle im Haus, dass ich dabei nicht gestört werden will und dass es besser ist, mich dann nicht mit anderen Themen anzusprechen. Ich genieße es, einfach nur still vor mich hin zu arbeiten. Anfangs hatte ich gedacht, ich könne in diesem praktischen Bereich noch viel mehr tun. Aber da musste ich teilweise kapitulieren, weil die Aktionsdichte sonst zu groß wird. Selbst wenn es rein zeitlich vielleicht noch klappen würde, ich brauche die kleinen Pausen – und sei es nur ein in Ruhe zurückgelegter Weg durchs Haus.

Die kreative Verarbeitung von Erlebnissen und Belastungen ist für mich eine weitere gute Form der Bewältigung. Schreiben gehört dazu, aber auch Malen. Schon als Teenager habe ich angefangen, in Öl zu malen. Wenn zu wenig Zeit für solche Aktivitäten bleibt, hilft es mir, dass ich inzwischen gelernt habe, meine Kreativität mit meiner Leitungsaufgabe zu verbinden, sie sozusagen auf eine andere Ebene zu verlagern. Auch Gemeinschaftsprozesse und Lösungsfindung fordern eine Menge Kreativität.

Ich gehöre zu den Menschen, die viel mit Harry Potter anfangen können, und ich finde das überhaupt nicht peinlich. Die Geschichte von J. K. Rowling enthält viele Bilder und Szenen, die tiefe Weisheiten und lebenspraktische Hilfen enthalten, auch wenn natürlich längst nicht alle gleich gut und gleich tief sind. Einige Szenen sind für mich in diesem Kontext wichtig. Es sind starke Bilder der Resilienz, von denen ich hier nur zwei nennen will. Da ist der mysteriöse Bahnsteig 9 ¾, den nur erreichen kann, wer couragiert und mit Schwung auf eine Backsteinwand zuläuft. Dieses Bild hat mir zu Beginn meiner Lehrtätigkeit an der Musikhochschule geholfen. Anfangs hatte ich überhaupt kein Gespür dafür, ob und wie ich „ankam", ob ich vor eine Wand gerannt oder tatsächlich auf dem gesuchten Bahnsteig gelandet bin. Das ist eine Erfahrung, die ich in meine Zeit als Priorin mitgenommen habe und schon mal in dem Spruch anbringe: „Augen auf und durch". Wenn ich mit Schwung und Vertrauen einfach auf das Hindernis zulaufe und dabei das Risiko in Kauf nehme, dass ich auch mal vor eine Wand laufe, werde ich jedes Hindernis und jede gefühlte Mauer viel leichter überwinden.

Auch die Sache mit den Irrwichten, diesen kleinen Biestern, die sich immer in das verwandeln, was mir die meiste Angst macht, ist ein höchst hilfreiches Bild. Die Lösung, der Zauberspruch, lautet: „*Riddikulus*" – Lächerlich. Dann verwandelt sich die Bedrohung in etwas, worüber ich lachen kann. Allerdings muss das Bild zunächst in der eigenen

Vorstellung entstehen, ehe der Zauberspruch greift. Das Komische im Bedrohlichen und Belastenden zu erkennen, hilft enorm. Nichts, worüber ich lachen kann, hat dauerhaft Macht über mich. Auch dies ist eine die Resilienz fördernde Erfahrung. Die eigene Resilienz weiterzuentwickeln und zu üben halte ich für jeden in einem Leitungsamt unverzichtbar. Hilfreich ist für mich in solchen Situationen mein „Dickkopf". In Extremsituationen laufe ich eher zur Hochform auf, als dass ich mich in die Defensive treiben lasse. Es fällt mir von Natur aus leicht, mich dann auf das Wesentliche zu fokussieren und alle Energie auf diese eine Sache zu lenken. Wenn es hart auf hart kommt, kann ich mich gut von mir selbst dispensieren. Dann befasse ich mich ganz mit der Krise und frage erst hinterher, was das mit mir gemacht hat. Am Ende der Visitation war ich im Flow.

Wenige Wochen nach der Visitation starb meine Mutter im Alter von fast 90 Jahren, aber doch unerwartet. Kurz zuvor hatte ich sie noch einmal besucht und wir hatte eine schöne Zeit miteinander verbracht. In der Trauer, die ich zuließ und für die ich mir bewusst Raum gönnte, lösten sich auch viele andere belastende Emotionen auf, die ich förmlich an mir kleben spürte. Nach einigen Wochen fühlte ich mich wie befreit. Dankbar verstand ich dies als ein letztes Geschenk meiner Mutter an mich.

Gruppenresilienz

Die Resilienz der Leitung ist ein wichtiger Faktor bei der Krisenbewältigung, die Resilienz der Gemeinschaft, der Organisation, des Teams ein noch wichtigerer. Gibt es denn so etwas wie eine Gruppen- oder Teamresilienz? Und wenn ja, worin besteht sie? Ist sie mehr oder etwas anderes als die Summe der je eigenen Resilienzen der einzelnen Teammitglieder? Wie kann sie gefördert werden?

Zunächst eine Erkenntnis, die mir als Basis dieser Suche wichtig ist. Nicht erst seit dieser Krisenerfahrung – aber seitdem noch viel mehr – habe ich mir so gut als möglich abgewöhnt, Meinungen und Urteile über Menschen oder Organisationen einfach zu übernehmen und „nachzubeten". Zumindest arbeite ich daran. Ich bin sehr viel vorsichtiger geworden und weiß viel besser als vorher, dass ich nichts weiß. Gruppendynamiken in fremden Gruppen sind nur schwer zu durchschauen. Erst wenn ich über längere Zeit und verbindlich ein Mitglied der Gruppe bin und über ein gut fundiertes Insiderwissen sowie über Achtsamkeit verfüge, kann ich einigermaßen einschätzen, was in der Gruppe oder auch der Familie gerade gespielt wird. Deshalb halte ich es für die einzig mögliche Art, eine Gruppe, ein Team oder eine Organisation zu begleiten, dass ich mich auf die formale Gestaltung des Kommunikationsprozesses konzentriere und die Inhalte voll und ganz der Gruppe überlasse. Noch einmal: Die Expertise liegt immer bei den Betroffenen. Das gilt übrigens auch, wenn ich als Beraterin einzelne Menschen coache. In der Beraterszene gibt es das geflügelte Wort: „Auch Ratschläge sind Schläge."

Bei der Frage nach der Gruppenresilienz spielen die Ziele des Teams, des Vereins, der Organisation eine ganz zentrale Rolle. Gibt es reale gemeinsame Ziele? Und sind sich alle Mitglieder auch klar darüber, dass es sie gibt und welche das sind? Gibt es also eine Transparenz der Ziele? Egal ob eine Unklarheit von oben oder von unten kommt: Unklare, unbewusste, widerstrebende oder gegensätzliche

Ziele sind ein Nährboden für Konflikte. Je vielfältiger und diffuser die Gruppenziele sind, desto unwahrscheinlicher wird es, dass eine Krise erfolgreich bewältigt werden kann. Warum? Ziele sind wie Zugkräfte. Das ist so wie bei dem berühmten Bild zweier Esel, die zwischen zwei Heuhaufen aneinandergebunden sind. Streben sie auseinander, das heißt, wollen sie die unterschiedlichen Heuhaufen zur selben Zeit fressen, erzeugt dies einen Pattzustand, der beide hungern lässt, weil keiner seinen Heuhaufen erreichen kann. Schaffen sie es, sich auf ein Ziel, nämlich einen der beiden Heuhaufen, zu einigen, den sie gemeinsam fressen, werden beide mehr als satt.

Zunächst einmal ist es völlig normal, dass es in einer Gruppe, einem Team, ja auch in einer Partnerschaft, einen ganzen Pool mit verschiedenen Zielen gibt. Manche davon sind sehr persönliche, bewusst oder unbewusst verborgene Ziele Einzelner, andere gemeinsam gefundene und offen kommunizierte Ziele aller. Hilfreich bei der Frage nach den Zielen finde ich die Unterscheidung von Eberhard Stahl in „wählbare öffentliche Ziele", „wählbare nicht öffentliche Ziele", „gesetzte öffentliche Ziele" und „gesetzte nicht öffentliche Ziele"[19]. Öffentlichkeit steht hier für Transparenz und Gemeinsamkeit. Je mehr die Gruppenziele für alle transparent und wirklich frei gewählt sind, desto größer ist die Resilienz einer Gruppe. Das ist eine Frage der Motivation. Wenn ein Ziel wirklich „meins" ist und auch von allen als solches mitgetragen wird, dann bringe ich mich für dieses Ziel ganz anders ein, als wenn ich zu einem Gruppenziel nur notgedrungen oder aus Opportunismus Ja gesagt habe. Das macht natürlich die Frage der Motivation am Arbeitsplatz zu einem viel schwierigeren Thema als – immer noch schwierig genug – die Frage nach der Motivation in Partnerschaft und Familie, in meinem Lieblingsverein oder eben im Kloster.

In klösterlichen Traditionen – nicht nur in christlichen Klöstern, sondern zum Beispiel auch in buddhistischen – gibt es für diejenigen, die sich der Gruppe neu anschließen, deshalb Hürden, an denen sich die Motivation kristallisieren soll. So heißt es zu Beginn des Kapitels über die Aufnahme neuer Mitglieder in der im 6. Jahrhundert geschriebenen Regel des Benediktinerordens: „Kommt einer neu und will das klösterliche Leben beginnen, werde ihm der Eintritt nicht leicht gewährt, sondern man richte sich nach dem Wort des Apostels: ‚Prüft die Geister, ob sie aus Gott sind.' (1 Joh 4,1) Wenn er also kommt und beharrlich klopft und es nach vier oder fünf Tagen klar ist, dass er die ihm zugefügte harte Behandlung sowie die Schwierigkeiten beim Eintritt geduldig erträgt, aber trotzdem auf seiner Bitte besteht, gestatte man ihm den Eintritt" (RB 58,1–3).

Was soll das? Warum sollen wir uns denn nicht einladend verhalten? Natürlich sollen und wollen wir den Gästen gegenüber in jeder Weise einladend und zuvorkommend sein. Sie „sollen aufgenommen werden wie Christus" (RB 53,1). Bei der eher abweisenden Behandlung der potenziellen Kandidaten für das klösterliche Leben geht es dagegen um eine Klärung der Motivation. Um dieses Leben dauerhaft leben zu können, braucht es eine intrinsische Motivation, das heißt eine Motivation, die von innen kommt und sich um der Sache selbst willen engagiert, nicht um irgendeinen anderen Gewinn dadurch zu haben – das wäre eine extrinsische Motivation. Dieser Prozess der Klärung von Motivation führt, wenn er gelingt, zu einem hohen Grundkonsens. Bewusst auferlegte Härten passen natürlich nicht mehr in unsere Zeit, auch wenn sie in zahllosen alten und neuen Initiationsriten vorkommen, wohl aber gute Fragen und ausreichende Zeiten der Erprobung als Basis für eine tiefgehende Entscheidungsfindung.

Besonders stark ausgeprägt ist ein solcher Grundkonsens in einer Gruppe mit einem gemeinsamen spirituellen Background, trotz aller Schwäche und aller Spannung zwischen Theorie und Praxis, die immer bleiben. Die dahinterstehenden Werte sind in den seit der Bedürfnispyramide von Abraham Maslow (1908–1970) beliebten Wertepyramiden durchgängig auf der obersten Ebene angesiedelt, beispielsweise als „Spiritualität, Identität, Vision, Mission, Weltbild, Zugehörigkeit" oder als „Ziel und Sinn"[20]. Dabei versteht sich eigentlich von selbst, dass diese Ebenen durch keine noch so schön formulierte Unternehmensphilosophie zu erreichen sind.

Zu den genannten Grundlagen einer Gruppenresilienz kommt außerdem genau das, was sie auch belasten kann: das Gruppennarrativ. Was als Altlast hemmen und lähmen kann, kann als Erinnerung an Erfahrungen der gemeinsamen Überwindung von Schwierigkeiten zur Quelle der Resilienz werden. Zur Altlast wird Tradition, wenn sie sich an konkrete Formen und auch frühere Leistungen als Anspruch bindet. Dann ist sie erstarrt. Zur Quelle von Resilienz und auch von Inspiration wird eine Tradition dagegen, wenn sie statt äußerer Formen tragfähige Werte und Erfahrungen transportiert, die dazu ermutigen und dabei helfen, den aktuellen Fragen und Herausforderungen zu begegnen. Dann ist eine Tradition lebendig und zukunftsweisend. Ein außergewöhnlich starkes Beispiel für ein die Resilienz förderndes Narrativ ist die Geschichte des Volkes Israel in der hebräischen Bibel. In der christlichen Überlieferung von Leben, Tod und Auferstehung Jesu wird dieser Text dann in seiner Rezeption und Fortschreibung als Altes und Neues Testament zur christlichen Bibel. Diese beeindruckend resilienten Narrative dürften der entscheidende Grund dafür sein, warum die Bibel als Buch der absolute Weltbestseller aller Zeiten ist. Welche Kraft liegt in folgenden Bildern und Geschichten!

Eindrucksvoll ist das Bild, das Mozart als die entscheidende Prüfung in seiner *Zauberflöte* verwendet: „Gehst du durch Wasser, ich bin bei dir, durch Ströme, sie werden dich nicht überfluten. Gehst du durch Feuer, du wirst nicht verbrennen; die Flamme wird dich nicht versengen" (Jes 43,2 f.). Und da ist die Geschichte vom Exodus des Volkes Israel, dem Auszug aus der Sklaverei in Ägypten, vom Durchzug durch das Rote Meer (vgl. Ex 14 f.). Oder auch Worte der Resilienz wie: „Und muss ich auch wandern im finsteren Tal, ich fürchte kein Unheil, denn du bist bei mir … Du hast einen Tisch mir bereitet vor den Augen der Feinde" (Ps 23,4 f.). Oder: „Du musst nicht fürchten das nächtliche Grauen, nicht am Tag den fliegenden Pfeil; nicht das Unheil, schleichend im Dunkel; nicht das Verderben, das hereinbricht am Mittag. Und fallen auch tausend an deiner Seite, zu deiner Rechten zehntausend: Dich wird es nicht treffen" (Ps 91,5–7).

Solche Bilder und Geschichten sind ein großer Schatz für eine Gruppenresilienz. Wir haben in unserem Kloster eine handgeschriebene Hauschronik. Erst im vergangenen Jahr haben wir sie einmal wieder als Tischlesung während der Mahlzeiten, die wir schweigend einnehmen, vorgelesen. Auch diese Hauschronik enthält eine Fülle von Geschichten der Resilienz. Die Probleme und Gefährdungen der Gründungszeit werden darin genauso überwunden wie die Bedrohungen der beiden Weltkriege. Viele Lösungen sind genauso kreativ wie mutig und manchmal auch ziemlich „tricky". Wir haben viel dabei gelacht. Zweimal hat die Gemeinschaft es geschafft, eine problematische Priorin abzusetzen. In den 20er- und 40er-Jahren des 20. Jahrhunderts war das viel außergewöhnlicher als heute. All das stärkt die Resilienz der Gemeinschaft. „Wir schaffen das!", lautet der Unterton – so besetzt dieser Satz seit der Flüchtlingskrise 2015 auch sein mag. Souveränität und auch Mut, wenn nötig Mut zum Widerstand, sprechen aus vielen dieser Geschichten, und so werden auch die Geschichten der Resilienz Einzelner zur Quelle von Resilienz für alle.

Da ist zum Beispiel unsere Gründerin, Mutter Josephine vom göttlichen Willen, Caroline von Fürstenberg-Stammheim (1835–1895), die sich nach dem Kulturkampf in ihre Heimatstadt Köln aufmachte, um im Rollstuhl ihr letztes von vier Klöstern zu gründen. Und da sind herrliche alte Originale, die einige Schwestern auch noch persönlich gekannt haben, wie Schwester Maria Magdalena, die als Tochter einer Schaustellerfamilie während des Dritten Reiches und des Zweiten Weltkriegs mit dem Fahrrad durch Europa unterwegs war und schließlich eine Stelle am englischen Königshof annahm. Mit Mitte vierzig trat sie dann ins Kloster ein, nach dem Motto: „Jetzt oder nie!" – ein nicht immer pflegeleichtes Temperamentsbündel. Ich werde nie vergessen, wie ich als junge Schwester die Tür öffnete, als sie unheilbar krank zum Sterben aus dem Krankenhaus ins Kloster zurückgebracht wurde. Sie schaute mich mit mitfühlendem Blick an und sagte: „Du bist aber blass heute." Ob ich auch einmal lerne, so von mir selbst abzusehen? Genauso wenig werde ich den Tag vergessen, als ich Schwester Ludgera wegen einer gebrochenen Hand im Krankenhaus besuchte. Ich reichte mir ganz wörtlich mit einer Ärztin die Klinke in die Hand. Als ich die Schwester ansprechen wollte, sagte sie: „Moment!", atmete einmal hörbar aus und sprach: „Jetzt ist es gut." Dann erzählte sie mir, dass die Ärztin ihr gerade gesagt habe, sie sei unheilbar an Krebs erkrankt. All das sind Geschichten der Resilienz, die die Resilienz der ganzen Gruppe stärken und die leben helfen.

Noch einmal: Was also macht eine Gruppe resilient? Es sind die Qualität ihrer Ziele und Motivationen, ein tragfähiger Gruppenkonsens auf der Basis starker gemeinsamer Werte und ein die Resilienz förderndes Gruppennarrativ. Entwickeln lässt sich all dies durch den Dialog über die gemeinsamen Ziele, durch größtmögliche Transparenz, durch die Förderung der Einzelnen, gemeinsame Entscheidungsfindung und eine wertschätzende Erzählkultur. Es gibt dabei kein „So-tun-als-ob". Nur was echt ist, trägt auch.

GAMECHANGER

Nach der überwundenen Krise gehen meine Blicke vor und zurück. Überraschend Neues keimt und wächst – ohne große Anstrengung, ja ohne mein Zutun. Was hat diesen Wandel möglich gemacht oder gefördert? Welche neuen Möglichkeiten und Ressourcen stehen uns jetzt zur Verfügung? Diese versuche ich aktiv zu fördern und erkenne zugleich wichtige Faktoren, die das Spiel wandeln.

Wiederwahl und Aufbauarbeiten

Am 2. Juli 2016 wurde ich bei der turnusmäßigen Wahl in meinem Amt als Priorin bestätigt, und meine zweite Amtszeit für weitere sechs Jahre begann. Trotz der vorangegangenen Krise war es erstaunlich ruhig – oder vielleicht sogar deswegen? Zum Weg auf eine solche Wahl hin gehört immer ein gewisses Maß an Spannung, aber diesmal hatte es für mich auch etwas Ruhiges, Gesammeltes. Die Wahl selbst verlief unkompliziert und schnell. Das Ergebnis bedeutete Kontinuität. Anders als beim ersten Mal folgte darauf für mich unmittelbar nach der Wahl eine Phase der Entspannung. Ich habe in dieser Zeit bewusst entschleunigt, mir bei den Gesprächen mit jeder einzelnen Schwester, die ich auch diesmal wieder führte, Zeit gelassen. So wurde es Ende

September, bis schließlich die Ämtererneuerung stattfinden konnte. Nun konnte ich endlich offiziell wieder eine Novizenmeisterin ernennen, weil jetzt eine geeignete Schwester neu zur Verfügung stand. Bis dahin hatte ich das Amt zumindest offiziell selbst inne. Das war dann bereits die spektakulärste Änderung, die stattfand. Die meisten Ämter und Aufgaben blieben so verteilt wie zuvor.

Kurz nachdem die personellen Weichen für die neue Amtszeit gestellt waren, gönnte ich mir eine Auszeit von rund einem Monat. Meine Batterien mussten dringend aufgeladen werden. In diesem Modus der Entschleunigung blieb ich noch bis Ostern 2017. Danach sollten wie ein Feuerwerk eine Fülle neuer Themen förmlich explodieren. Aber davon wird später die Rede sein. In dieser Zeit der relativen Ruhe kam bei mir nach und nach so richtig an, dass so eine Wiederwahl ein echter Gamechanger ist. Eine Kollegin im Leitungsamt, die diese Erfahrung kurz vor mir gemacht hatte, brachte es bei einem Treffen ins Wort: „Beim ersten Mal ist es Vorschussvertrauen, beim zweiten Mal eine Antwort auf die Erfahrungen, die die Gemeinschaft mit dir als Leitung gemacht hat." Jetzt war ich nicht mehr Priorin, weil jemand gebraucht wurde, sondern weil die Mehrheit der Schwestern wollte, dass ich als Leitung die Gemeinschaft weiterführe. Eine noch tiefere Veränderung nahm ich in der Folgezeit wahr: Das Spiel hatte sich von der Auseinandersetzung mit und dem Aufarbeiten von Altlasten zur Aufbauarbeit gewandelt – ein Paradigmenwechsel. Dies zeigte sich auch daran, dass sich nun die Zusammensetzung des Kapitels, also der Versammlung der Schwestern, die sich auf Lebenszeit an die Gemeinschaft gebunden haben, in schneller Folge änderte. In meiner ersten Amtszeit hatten drei Schwestern ihre Ewige Profess abgelegt und eine

Schwester war aus einem anderen Kloster zu uns gewechselt. Von den insgesamt elf, die in dieser Zeit neu eingetreten sind, waren zu Beginn der zweiten Amtszeit noch neun geblieben, von denen nun nach und nach sieben ihr Gelübde auf Lebenszeit ablegten. Drei weitere Übertritte kamen hinzu. Zehn neue Vollmitglieder in knapp fünf Jahren von Herbst 2016 bis Sommer 2021, das ist ein massiver Wandel in der Zusammensetzung der Gruppe. Im selben Zeitraum kamen vierzehn neue Mitglieder auf Probe hinzu.

Zwei Themen haben mich in der Zeit des Übergangs zwischen den beiden Amtszeiten begleitet. Das eine war mein Engagement über das eigene Kloster hinaus und das andere das Thema Bauen. Schon 2013 hatte die Arbeit am neuen Gotteslob, für das ich seit 2003 eine Arbeitsgruppe leitete, mit dessen Drucklegung geendet. Ich hatte mich bereits vorher weitgehend aus der Redaktionsarbeit zurückgezogen, und meine Arbeitsgruppe war aufgelöst worden. Nun ging es noch um ein Aufarbeiten der Materialien. Es waren sage und schreibe ca. 2500 Dateien von einer Seite bis zu vierhundert Seiten, die ich schließlich ablieferte. Bei dieser Materialschlacht und bei der Leitung einer solchen Arbeitsgruppe von Fachleuten habe ich viel für das Leitungsamt gelernt. Nach Beendigung meines Studiums in Frankfurt nahm ich dann eine gelegentliche externe Tätigkeit als Moderatorin oder Prozessbegleiterin auf: bei einem Mattenkapitel, das ist eine „basisdemokratische" Versammlung in einer franziskanischen Gemeinschaft, einem Provinzkapitel und die Moderation einiger Großveranstaltungen, darunter Mitgliederversammlungen der Deutschen Ordensobernkonferenz (DOK). Dort wurde ich auch 2014 in den sogenannten erweiterten Vorstand gewählt, eine Arbeit, die meinen Horizont erweiterte und mir viel Freude machte.

Das Thema Bauen, das in dieser Zeit viel Aufmerksamkeit von mir erforderte, ist für mich zum Bild und Beispiel für unsere Suchbewegung auf eine Zukunft hin geworden. An unserem Lernprozess zeigte sich, was es braucht, um etwas aufzubauen beziehungsweise zu verändern: Entschlossenheit, Dialog, Geschmeidigkeit, Ziele … Und dahinter ein großes Ziel. Zunächst wollte ich es einfach gut und besonders gründlich angehen, als ich 2011 mit der Bauabteilung des Erzbischöflichen Generalvikariates in Köln Kontakt aufnahm. Ich fühlte mich in Fragen der Sanierung, des Umbaus oder gar des Neu-Bauens sehr unsicher. Deshalb dachte ich mir, wir machen am besten gleich mit kompetenter Hilfe einen Rundumschlag, dann kann ich das Thema für den Rest meiner Amtszeit vergessen. Heute kann ich über meine Naivität herzlich lachen und staune dankbar, wie wir auf verschlungenen Wegen an ein Ziel gelangt sind, an das wir anfangs überhaupt nicht gedacht haben, das jetzt aber genau richtig und zukunftsweisend ist.

Gesagt, getan, vereinbarten wir einen Termin für Anfang Oktober 2011. Mir kam große Hilfsbereitschaft entgegen, und ich führte dann den Erzdiözesanbaumeister und einen für unsere Region verantwortlichen Mitarbeiter bei einer Hausbegehung von mehr als drei Stunden durch unser Kloster – vom Dachboden bis zum Keller. Zeitnah erhielten wir ein Gutachten, das uns eine gute Pflege und Instandhaltung unseres Hauses bescheinigte, aber in einigen Bereichen auch Sanierungsbedarf feststellte. Damit fing das Karussell an, sich zu drehen. Wir suchten und fanden einen Architekten, und mithilfe der Bauabteilung wurde eine mehrjährige Sanierungsmaßnahme in drei Bauabschnitten grob vorgeplant. Auch wurden uns die notwendigen finanziellen Mittel als Unterstützung durch das Erzbistum in Aussicht gestellt. Nach und nach lernte ich die ausgefeilte Bauordnung kennen: Projektvorbereitung, Vorplanungsgenehmigung, Vorplanung, Vollplanungsgenehmigung, Planung, Kirchliche Baugenehmigung, Maßnahmendurchführung, Projektabschluss.

Wir waren im Frühjahr 2013 für den Bauabschnitt 1A so weit gekommen, dass wir die kirchliche Baugenehmigung beantragt hatten. Da wir immer viel selbst machen, hatten wir die zu sanierenden Räume, unter anderem die Wohnräume für unsere alten, pflegebedürftigen Schwestern, schon leergeräumt und auch mit den nötigen Abrissarbeiten bereits begonnen. Da erreichte uns ohne jede Vorwarnung statt der Genehmigung ein allgemeiner Baustopp. Grund dafür war, dass die Kosten für Kita-Sanierungs- und Umbauarbeiten so in die Höhe geschnellt waren, dass das Baubudget des laufenden Kalenderjahres an seine Grenzen kam. Was tun? Schließlich bezahlten wir diesen Bauabschnitt vollständig selbst, und es wurde vereinbart, dass dies als Eigenanteil auf die gesamte Baumaßnahme angerechnet wird. Das war nicht möglich, ohne eine spezielle Erlaubnis beim Erzbistum zu erbitten und abzuwarten. Dies war die erste Wende, die unser Bauprojekt nahm.

Als dieser Teil fertig saniert war, hatte ich dazugelernt, und so ging ich der Frage auf den Grund, ob die teure Trockenlegung unserer Souterrains, wo sich unter anderem die Küche und der klösterliche Speisesaal, das Refektorium, befinden, wirklich Sinn macht. Seit Gründung des Klosters im Jahr 1896 gab es da schon Feuchtigkeitsprobleme, und kein Versuch hatte bisher zu einer dauerhaften Lösung geführt. Die zweite Wende führten wir nun im Herbst 2013 selbst herbei. Als Gemeinschaft fällten wir die Entscheidung, dass wir es angesichts einer Garantie von maximal fünf Jahren für den Erfolg einer Trockenlegung für unverantwortlich hielten, so viel Geld in diese Maßnahme zu investieren. Da unser Souterrain nun mal als Keller gebaut war, wollten wir diesen Keller einfach Keller sein lassen. Das bedeutete aber, dass wir für die Wohn- und Arbeitsräume einen anderen Ort finden mussten. Dafür wurde nun in aufwendigen Überlegungen ein Erweiterungsbau geplant. 2014 wurde dann Bauabschnitt 1B, die Sanierung einiger Kanäle, planmäßig durchgeführt und durch Zuschüsse finanziert.

Zeitgleich bahnte sich die dritte Wende bereits an. Für ein Grundstück neben dem Kloster, das wir an einen Autohändler verpachtet hatten, erhielten wir bei einem Wechsel des Betreibers keine Genehmigung mehr für die gewerbliche Nutzung. Aus unserem Stadtteil solle ein reines Wohngebiet werden, sagte man uns bei der Stadt. Wir könnten das Grundstück ja verkaufen. Kontakt zu entsprechenden Investoren könne gerne hergestellt werden. Dies löste bei uns eine Suchbewegung aus. Wir fragten uns, ob und wie wir das wohl stemmen könnten, ohne das Gelände zu verkaufen. Wir wollten die vorhandene Ressource wenigstens teilweise selbst nutzen. So wurde Kontakt mit möglichen Investoren aufgenommen, die mit uns zusammenarbeiten wollten. Auch erhielten wir fachliche Hilfe vom Erzbistum, diesmal aus der Abteilung Liegenschaften. Als eine verheißungsvolle Idee ausgewählt war, begannen Vertragsverhandlungen, die sich von Anfang 2015 bis Sommer 2016 hinzogen.

Sie brachten schließlich für uns überraschend die vierte Wende, als nach vielen Gesprächen zunächst der Architekt ausschied und sich dann auch der Bauunternehmer zurückzog. Dies führte zu einem neuen Planungsbeginn mit einer neuen Architektin kurz nach meiner Wiederwahl im Spätsommer 2016. Neben einem Wohnhaus mit 24 Wohnungen und einer fünfzügigen Kita sollte auch neuer Raum für die Gemeinschaft und für Gäste entstehen. In diesem Kontext kam es dann zur fünften Wende. Wir stellten fest, dass der Versuch einer Kooperation mit Bauträger und Erzbistum eine zu hohe Komplexität und zu viel Abhängigkeit für uns erzeugten. Wir verzichteten auf weitere Zuschüsse und entschieden uns, das Projekt selbst in die Hand zu nehmen. Nach einer intensiven, zügigen Planung konnten wir bereits im Juli 2017 den Bauantrag bei der Stadt Köln einreichen. Die sechste Wende war dann ein Wechsel von hoher Aktivität zum Warten auf beziehungsweise das Ringen um die Baugenehmigung – insgesamt vier Jahre. Dies lehrte uns, von wie vielen unverfügbaren Faktoren so ein Projekt abhängt, und führte zur siebten Wende, der Erkenntnis: Wir sind kein Immobilienunternehmen und wollen eigentlich nicht so viel Zeit und Energie in ein solches Projekt investieren. Inzwischen sind wir mit der Planung der Gründung eines neuen Klosters beschäftigt und die endlich erhaltene Baugenehmigung wird uns helfen, dieses Projekt zu ermöglichen.

Was ich hier kurz skizziert habe, sind nur die großen „Serpentinen" eines Weges mit noch viel mehr kleinen Kurven. Muss das nicht zermürben und mutlos machen? Momente der Frustration und der Irritation gab es natürlich auch. Insgesamt überwiegt aber der Gewinn. Neben dem konkreten Ergebnis besteht er vor allem in der Erfahrung, dass wir ein gutes, ja ein viel besseres Ziel erreichen als erwartet, wenn wir gemeinsam am Ball bleiben, gemeinsam reflektieren und weitersuchen. Für mich persönlich besteht der Gewinn außerdem in viel Erfahrung, die mir bei den internen Bauprojekten sehr half, die ich seit Sommer 2015 wegen des Ausfalls der zuvor verantwortlichen Schwester mitten in einer Planungsphase selbst in die Hand genommen hatte: der Noviziatsgang, die Küche und der Gang vor dem Refektorium, der Konvent als unser „Wohnzimmer", eine neue Bibliothek, der Umbau des Rektorates, eines Hauses neben dem Kloster, und schließlich mein Lieblingsprojekt, der Bau einer kleinen offenen Kapelle auf unserem Hof als ein niedrigschwelliges Angebot für die Menschen im Veedel. Inzwischen macht mir das Bauen Spaß – Aufbauarbeit konkret.

Vor allem hat mich all dieses konkrete Planen und Bauen gelehrt, nie den eigenen Kopf abzugeben, achtsam zu bleiben, alle wichtigen Entscheidungen gemeinsam zu treffen, keine Entscheidung zu fällen, bei der ich „Bauchgrimmen" habe, den Mut zu haben, Entscheidungen zu revidieren, warten zu können … Und es hat in mir das Vertrauen gestärkt, dass es hinter allem einen Sinn gibt und eine lenkende Hand, die auch auf krummen Linien gerade schreiben kann, und dass wir es gemeinsam merken werden, wenn „es" stimmt. Schon viele Jahr begleitet mich das Bild vom Labyrinth. In der Kathedrale von Chartres befindet sich ein berühmtes mittelalterliches Beispiel. Ein Labyrinth ist kein Irrgarten, sondern es ist der längstmögliche Weg zum Ziel. Zu verstehen und zu akzeptieren, dass dies sinnvoll und effektiv sein kann, ja, dass dies der Weg und die Dynamik des Lebens ist, fällt unserer schnelllebigen Zeit sehr schwer.

Effektivität: Den Tanker bewegen

Auf dem Gang, mitten im Gewühl, als ich gerade versuchte, „meine Schäfchen" wieder zur Rückkehr in den Tagungssaal zu bewegen, sprach mich eine Teilnehmerin an: „Sie bewegen diesen Tanker mit erstaunlicher Leichtigkeit." Ich moderierte gerade die DOK-Versammlung, an der meist um die 250 Verantwortliche in Orden, Männer und Frauen, teilnehmen – naturgemäß weitgehend „Alphatiere". Den Tanker bewegen, das ist für mich seitdem ein Bild für Effektivität im Leitungsamt geblieben. Wie geht Effektivität? Was braucht die Leitung und was braucht eine Gruppe, um effektiv zu sein?

Zunächst bedeutet es schon viel Effektivität, wenn eine Gruppe, ein Team, eine Organisation ihrem Ziel entsprechend einigermaßen funktioniert. Inzwischen halte ich es für ein echtes Kunststück von Leitung, bei allem, was ansteht, außerdem noch Kraft für Innovatives, für Visionen und deren Verwirklichung aufzubringen. Es sollte dabei allerdings weniger um die eigenen Visionen gehen als vielmehr um die der Gruppe. Allgemein stellt sich die Frage, welche Art von Effektivität denn gemeint ist. Das bekannte Phasenmodell der Gruppenentwicklung, das 1965 vom amerikanischen Psychologen Bruce Tuckman (1938–2016) erstmals publiziert wurde, kann hier hilfreich sein. Es stellt den normalen Entwicklungszyklus einer jeden Gruppe dar und bezeichnet die Phasen mit den Worten: *Forming – Storming – Norming – Performing – Adjourning* oder *Transforming*[21] oder *Reforming*[22]. Jede Gruppe hat eine Entstehungsphase, in der sie sich neu findet, eine Krisenphase, in der divergierende Kräfte miteinander konkurrieren, eine sich daran anschließende Phase der Normbildung, in der die Gruppe ihr eigenes Profil ausbildet, und eine Phase der Performance, des Tätigseins im Sinne der Gruppenziele. Ist das anvisierte Ziel erreicht, kommt es zu einer Phase des Übergangs, in der die Gruppe sich destabilisiert, bevor der Zyklus von vorne beginnt. Sich bewusst zu machen, dass dies normale, ja notwendige Phasen sind, kann vor unnötigen Frustrationen bewahren. In jeder dieser Phasen besteht Effektivität in etwas anderem. Wir waren im Frühjahr 2017 nach der Krise, nach dem *Storming* und *Norming* ganz organisch in einer Phase des Performing angekommen, die zugleich so innovativ war, dass wir selber staunten …

Bevor ich davon berichte, zunächst einige Anmerkungen zu meinen Erfahrungen in Männergruppen und in Frauengruppen. Natürlich verändert eine einzige Frau sofort eine Männergruppe, genau wie umgekehrt ein einzelner Mann sofort eine Frauengruppe verändert. Und dennoch, meine ich, lassen sich Unterschiede beobachten. Bevor ich Priorin wurde, war ich oft die einzige Frau in Männergruppen. Das lag daran, dass die beiden Bereiche Liturgie und (Kirchen-) Musik zumindest in der Zeit um die Jahrtausendwende noch ausgesprochene Männerdomänen waren. Vielleicht ist es für eine Nonne leichter, vielleicht lag es auch an meiner Unbefangenheit, dass ich das zunächst einmal kaum beachtet habe. So manches Mal wurde mir erst beim Nachdenken über die Veranstaltung bewusst, dass die wenigen anderen anwesenden Frauen als Ehefrauen, Partnerinnen, Sekretärinnen und so weiter da waren und ich als Einzige wirklich Mitglied der „Fachgruppe" war. Manchmal war ich auch insgesamt die einzige Frau. Vor allem in solchen Situationen fiel mir auf, dass diese Gruppen anders arbeiteten, als ich es von der reinen Frauengruppe in unserem Kloster gewohnt war.

Zwei Beobachtungen beschäftigten mich. Das eine war ein spürbares Kräftemessen. „Aha, die Platzhirsche sind mit ihrer Rangordnung beschäftigt", dachte ich. Das andere war die Tatsache, dass in vielen Sitzungen zunächst über alles Mögliche geredet wurde, ehe „Mann" zur Sache kam. Alle anderen Themen wurden irgendwie untergemengt, war mein Eindruck: Storys aller Art, Erlebnisse, Erfolge oder Beziehungen und eben, natürlich indirekt, das Aushandeln einer Rangordnung. Das geht in Frauengruppen anders. Natürlich gibt es auch da Konkurrenz, meist auch hier eher unterschwellig als offen, Beziehungsgeflechte, Geschichten und vieles andere mehr. Aber wenn wir im Kloster ein Treffen vereinbaren, egal ob im Plenum oder in einer Teilgruppe, dann erwarten alle, dass es um das vereinbarte Thema geht und nur darum. Alles andere wird als Ablenkung und Störung erlebt. Wir vermischen die Themen nicht, sondern bearbeiten sie sortiert. Wenn wir also über unsere Arbeit reden, dann geht es nur um die Arbeit, wenn wir ein Projekt planen, dann geht es um dieses Projekt, und wenn Beziehungsthemen anstehen, dann reden wir ausschließlich und direkt über Beziehungen – und wenn es um Emotionen geht, dann reden wir eben über Emotionen. Ich halte Frauengruppen für effektiver als Männergruppen – aber wahrscheinlich bin ich da auch parteiisch.

Ab Ostern 2017 zeigten sich für unsere Gemeinschaft in schneller Folge verschiedene neue Themen und Entwicklungsstränge. War meine Wiederwahl ein Gamechanger von innen, kamen nun Ereignisse und Impulse von außen als Gamechanger hinzu. Sie effektiv zu gestalten, erforderte unterschiedliche Strategien. Der zentrale Schlüssel aber war zunächst einmal Offenheit.

Am Ostermontag erfuhr ich von einem Mitglied des Pastoralteams, dass es dem leitenden Pfarrer unserer Gemeinde, der in den vergangenen Monaten wegen einer Krebserkrankung oft im Krankenhaus war, sehr schlecht ging. Neben der Bitte, ihn zu besuchen, der ich gleich am nächsten Tag nachkam, wurde ich gefragt, ob ich nicht an den Sitzungen des Seelsorgeteams im Pfarrverband teilnehmen könne. Ich sagte zu und erfuhr so viel Neues darüber, was die Gemeinden um uns bewegt. Ende derselben Woche kam Pfarrer Thomas Frings aus dem Bistum Münster zu Besuch. Kurz vor der Priorinnenwahl hatten wir uns kennengelernt, weil er einige Wochen als Gast bei uns wohnte, bevor er in das Kloster Slangenburg in den Niederlanden eintrat. Schnell spürten wir, dass er wohl kaum im Kloster bleiben würde; das war nicht sein Weg. Spontan bot ich ihm an, bei uns auf unbestimmte Zeit zu wohnen: „Falls niemand anders Sie will", sagte ich – nicht ahnend, dass ich da gerade eine „prophetische" Aussage gemacht hatte. Ich hatte mein Angebot nur vorsichtig ausdrücken wollen, weil ich damit rechnete, dass jetzt als Antwort kommt: „Danke, aber ich habe schon mehrere Angebote." Thomas Frings brachte uns sein soeben erschienenes Buch *Aus, Amen, Ende? So kann ich nicht mehr Pfarrer sein* mit, in dem es um seine Erfahrungen mit der pastoralen Situation in der Kirche ging und das eine große Resonanz in den Medien, ja geradezu einen Aufruhr auslöste. Wir lasen es bei Tisch und wunderten uns über die Aufregung. Uns erschien das alles sehr normal und moderat. Dass es so um die Kirche bestellt ist, musste doch jeder sehen. Oder etwa nicht?

Das Pfingstwochenende 2017 wurde zu einer ganz dichten Erfahrung für uns. Es begann damit, dass eine Schwester ihr Gelübde auf Lebenszeit ablegte, und endete – nach einer großartigen Perfomance der Schwestern zum Thema Kirche anlässlich meines Namenstages und einer Messe mit der Gemeinde in unserer Klosterkirche – mit einem Austausch der ganzen Gemeinschaft, den ich mit dem Wort Zukunfts-vision überschrieben hatte. Wir reflektierten die wahrge-nommene Veränderung in der Kirche vor Ort, versuchten den geplanten Erweiterungsbau des Klosters konkret zu fül-len und überlegten, dass es schön wäre, wenn dort auch eine kleine Gruppe Brüder wohnen würde.

Die kommenden Wochen waren eng getaktet mit Termi-nen, die meisten im Endspurt vor dem Einreichen unseres Bauantrags, nur unterbrochen von einem gemeinsamen Ausflug und von zwei Beerdigungen: Ende Juni starb unser Pfarrer und fast zeitgleich Joachim Kardinal Meisner. In der dritten Juliwoche kam es dann zu einem regelrechten Ausbruch von Ereignissen in einer Dichte, wie ich sie zuvor noch nicht erlebt hatte, nur noch getoppt durch den August 2020, von dem ich später erzählen werde. Während ich ge-rade dabei war, die zahllosen Unterschriften unter unseren Bauantrag zu setzen, ging das Telefon. Der Bischofsvikar für die Orden, der zugleich für die Ausländerseelsorge zustän-dig war, bat uns, eine Migrantenfamilie aufzunehmen. Die Caritas wusste nicht, wohin mit ihr, und die Mutter stand unmittelbar vor der Geburt ihres fünften Kindes. Sofort schoss mir durch den Kopf: „Die Geschichte kennen wir" – und ich wurde gleich wacher und offener. Zögernd sagte ich für einige Tage zu, falls er mir garantiere, dass danach etwas anderes für die Familie gefunden würde. Aber natür-lich fand sich nichts, und so entscheiden wir uns, die Familie bei uns zu behalten. Sie zog in einen Flügel unseres Gäste-bereichs ein. Daraus wurde ein mehr als vierjähriges Aben-teuer, bei dem wir alle Höhen und Tiefen erlebten, die ein solches Engagement nur mit sich bringen kann. Zunächst einmal haben wir für ausreichende Kleidung und Essen gesorgt, haben gewaschen und auch schon mal Babysitter gespielt. Vor allem aber waren wir Dolmetscher und Begleiter bei allen Behörden-, Arzt- und Krankenhausterminen. Gut eine Woche später wurde als fünftes Kind nach vier Söhnen eine Tochter geboren.

Ebenfalls zeitgleich erhielt ich eine Mail von Thomas Frings mit der Bitte um ein Gespräch, zu dem er dann noch in derselben Woche nach Köln kam. Es zeichnete sich ab, dass er mein Angebot, bei uns zu wohnen, annehmen würde. Dabei wurde mir klar, dass es wegen des Buches Probleme gab, für ihn eine Stelle in seinem Bistum Münster zu finden. Zu viele Amtsträger fühlten sich dadurch offenbar infrage gestellt und auch kritisiert. „Typisch Kirche", dachte ich und verdrehte innerlich die Augen. Ich sprach mit meinem Rat darüber, und wir waren uns einig, er darf kommen. Uns war klar, dass uns das möglicherweise Probleme einbringen würde, aber unser Gerechtigkeitsempfinden siegte. Hier hatte jemand treffend und in ausgewogener Weise ein Problemfeld der Kirche beschrieben, das eigentlich jeder sehen konnte und das ins Wort gebracht werden musste, wie sich allein an der Resonanz ablesen ließ. Tatsächlich aber wurde ich bereits bei einer Veranstaltung Mitte August von einem Bistumsvertreter zur Seite genommen: Wir sollten uns doch damit nicht schaden. Auch mein Versuch, aktiv um Offenheit zu werben, stieß mehrfach auf Mauern. Rückblickend erscheint es kaum noch nachvollziehbar, dass dieses Buch so starke Reaktionen hervorrufen konnte. Längst ist sein Inhalt Fakt und Allgemeingut geworden und längst haben viel grundlegendere Probleme die Kirche eingeholt. So zog also Mitte Oktober 2017 Thomas Frings zunächst in ein Appartement in unserem Gästebereich direkt neben unserer Flüchtlingsfamilie ein, und wir hatten erstmals seit 25 Jahren wieder einen Hausgeistlichen. Wir haben es nie bereut, im Gegenteil, wir haben dabei viel gewonnen, unter anderem wertvolle Inspirationen. Innerlich musste ich lachen, dass mein erster leiser „Testballon", Brüder für uns zu finden, gleich ein solcher Volltreffer war.

All diese Ereignisse bewirkten eine Horizonterweiterung und ein stärkeres Bewusstsein für die Themen und Nöte der Menschen um uns herum. Nicht dass es neu für uns gewesen wäre, aber so hautnah unter dem eigenen Dach wurde all dies viel konkreter und forderte uns zum gemeinsamen Tun heraus. Anfang 2018 beschloss ich, dass es Zeit sei, ein Projekt zu verwirklichen, das mich schon lange bewegte, nämlich unseren Sonntagsgottesdienst auf eine spätere Zeit zu verlegen. Natürlich kann man auch um 7.45 Uhr dazu einladen – und inzwischen waren wir ja sogar schon bei 8.30 Uhr gelandet –, aber so wirklich einladend war das am Sonntagmorgen nicht. So überlegten und diskutierten wir, stellten unsere Tagesordnung um und feiern die Sonntagsmesse seitdem um 10.30 Uhr mit einem anschließenden Angebot zur Begegnung. Inzwischen ist daraus eine richtige kleine Gemeinde entstanden. Die neue Form ist nicht nur für unsere Gäste ein Gewinn. Was Neuerungen und Veränderungen angeht, hat eine Gruppe übrigens ein erstaunlich kurzes Gedächtnis. Es wird schnell Gewohnheit und Tradition daraus. Thomas Frings kommentierte lachend zu dem Vorgang: „Ich muss euch in Rom melden. Ihr ändert etwas ohne finanzielle oder personelle Not. Seid ihr noch katholisch?"

Die Öffnungsbewegung ging weiter. Per Zufall kam es zu einem Kontakt mit dem neu gegründeten Veedelsverein

„Raderberg und -thal". Wir wurden Mitglied und luden den Vorstand zu einem Treffen ins Kloster ein, um über gemeinsame Aktivitäten zu sprechen. Daraus wurde ein „Feuerwerk": Wir beteiligten uns beim Straßenfest, unter anderem mit einem Eisstand, ein Angebot, das schnell Kult wurde. Für den Herbst hatten wir bereits angefangen, einen Tag der Begegnung vorzubereiten. Am 3. Oktober sprengten rund 400 Menschen, die zu einem ökumenischen Gottesdienst gekommen waren, fast die Mauern unserer kleinen Klosterkirche. Insgesamt waren es mehr als 2000 Besucher an diesem Tag. Im Dezember folgte ein ähnlich gut besuchter Weihnachtsmarkt, der auf dem Hof vor unserem Kloster stattfand. 2019 ging es fröhlich weiter, bis uns schließlich im März 2020 Corona einholte.

Was war geschehen? Wir waren in eine gemeinsame Performance von neuer Qualität gekommen, die bei aller Mühe auch uns selbst guttat. Die Gemeinschaft erlebte sich dabei als effektiv, selbstwirksam und fruchtbar. Treffend finde ich dafür ein Bild von Madeleine Delbrêl[23]. Sie spricht von „Fahrradspiritualität": Beim Radfahren muss ich mich vorwärtsbewegen, um das Gleichgewicht nicht zu verlieren. So ist es auch in Gruppen, Gemeinschaften, Organisationen.

Leitung als Moderation – Gewaltenteilung und Beteiligung

Ich mag dieses Bild vom Fahrradfahren. Es ist genauso einfach wie einleuchtend. Damit alles in einem guten, sicheren Gleichgewicht bleibt, braucht es den richtigen Schwung nach vorne und ein beherztes In-die-Pedale-Treten. Das geht allerdings nur mit einem funktionstüchtigen Fahrrad.

Ist ein Reifen platt, versagen die Bremsen oder reißt die Kette, dann geht es entweder nicht mehr weiter oder es besteht sogar Unfallgefahr. Was aber ist in Hinblick auf meine Leitungsrolle das Fahrrad? Und wer lenkt es?

Zu Recht wird in der Kirche immer wieder eine Gewaltenteilung angemahnt. Viel zu sehr ist alle Macht und Gewalt in einer Hand (Papst, Bischof) beziehungsweise in den Händen einiger weniger Protagonisten. Bei einem solchen hierarchischen oder, vielleicht besser, monarchistischen oder absolutistischen Modell besteht immer eine erhöhte Gefahr des Machtmissbrauchs. Im demokratischen Staat gibt es die Trennung zwischen Legislative, Exekutive und Jurisdiktion (Judikative). Das ist die klassische dreigliedrige Gewaltenteilung: Die Legislative ist die gesetzgebende Gewalt (Bundestag und Bundesrat), die Exekutive ist die ausführende, vollziehende Gewalt (Regierung und Verwaltung) und die Judikative die rechtsprechende Gewalt (Gerichte). In der Bundesrepublik Deutschland haben wir ein komplexes System der Gewaltenteilung, das eine wechselseitige Kontrolle der Gewalten sicherstellen soll, um die Freiheit zu sichern und Machtmissbrauch zu verhindern. Die Coronakrise hat allerdings gezeigt, wie leicht dieses Gleichgewicht gestört oder zumindest irritiert werden kann.

Gibt es auch im Kloster eine Gewaltenteilung und wie funktioniert sie? Es gibt sie und sie ist sehr alt. Unser Modell der Gewaltenteilung hat seine Wurzeln bereits im 6. Jahrhundert. Da ist zunächst einmal die Wahl. Die Priorin wird – wie bereits beschrieben – in freier und geheimer Wahl von allen Vollmitgliedern auf Zeit, nämlich sechs Jahre, gewählt. Diese Versammlung aller Mitglieder, das Kapitel, bleibt dauerhaft das Gegenüber der Priorin. Das heißt, die Wahlberechtigten sind auch gleichzeitig so etwas wie Parlamentarierinnen. Die Priorin leitet das Kapitel, ist ihm aber gleichzeitig verpflichtet. Sie hat selbst kein Stimmrecht in dieser Versammlung. Vielmehr ist sie Impulsgeberin, das heißt, sie leitet die Sitzungen und bringt die Themen ein. Alle wichtigen Themen werden durch Abstimmung im Kapitel entschieden, wobei in vielen Fällen die Mehrheiten in den sogenannten Konstitutionen festgelegt sind, ebenso ob geheim abgestimmt werden muss oder nicht. Die Konstitutionen sind so etwas wie unser internes Gesetzbuch. Sie sind eine Aktualisierung und Konkretisierung unserer fast 1500 Jahre alten Ordensregeln nach den Vorgaben des derzeit gültigen Kirchenrechtes und werden immer mal wieder überarbeitet. Unsere letzte Neufassung ist von 1986, in ihr wurde das neue Kirchenrecht von 1983 eingearbeitet. Zu einer Änderung der Konstitutionen braucht es eine Zweidrittelmehrheit im Kapitel und die Zustimmung einer speziellen Behörde in Rom, bei der im Konfliktfall auch die Jurisdiktion liegt. Zusätzlich zu dem Gleichgewicht zwischen Priorin und Kapitel gibt es noch den Rat, von dem ja bereits die Rede war. Er ist paritätisch besetzt: Die eine Hälfte der Mitglieder des Rates wird vom Kapitel gewählt, die andere von der Priorin bestimmt. Alle nennenswerten Belange des Klosters müssen von der Priorin im Rat besprochen werden. Ich halte dieses klösterliche Modell der Gewaltenteilung für ein sehr gesundes, ausgewogenes Modell.

Dieses Leitungsmodell ermöglicht ein hohes Maß an Beteiligung aller und setzt zugleich ein hohes Maß an Motivation voraus. Beteiligung motiviert und braucht zugleich Motivation. Ich frage mich, ob die gegenwärtige Krise der Demokratie nicht auch damit zusammenhängt, dass im Normalfall die Wahlberechtigten zwar wählen, aber eben nicht die Erfahrung machen, dass sie an dem, was danach geschieht, unmittelbar beteiligt werden, also wirklich selbst in konkreten Fragen mitbestimmen können. Das Gefühl der Ohnmacht ist immer demotivierend. Mich beschäftigt auch die Frage, ob der an vielen Orten zu beobachtende Ruf nach einem starken Mann oder einer starken Frau, die Tendenz zum Populismus, nicht auch darin seine Ursache hat, dass sich an der Basis, bei den Wahlberechtigten, schon längst ein großes Desinteresse und auch viel Frustration breitgemacht haben. Die Demokratie ist im praktischen Leben für die meisten Menschen eben nicht wirklich das, was ihr Name besagt: Herrschaft des Volkes, sondern in der real gelebten und erlebten Praxis ist sie eher eine Oligarchie, die Herrschaft einer kleinen Gruppe von politischen Protagonisten und sonstigen Funktionären. Im Gesamtgefüge des Staates kann die direkte Beteiligung aller, allein der Größe des Systems wegen, nicht funktionieren. Aber es gibt viele kleinere Systeme: Organisationen, Vereine, Gruppen, Teams, Familien, in denen es möglich ist, über die Strukturen der eigenen Entscheidungsfindung nachzudenken.

Im Kloster sind alle mehr oder weniger hoch motiviert. Das liegt daran, dass diese Lebensform, wie beschrieben, eine klare Entscheidung mit einem möglichst hohen Anteil an intrinsischer Motivation braucht, sonst wird sie schon in der Anfangsphase nicht durchgehalten. Aber auch viele andere Gruppen zeichnen sich durch eine hohe Motivation aus, zum Beispiel Fußballvereine und andere Sportvereine, Karnevals- oder Schützenvereine und überall dort, wo Menschen sich über das Notwendige hinaus und mit Leidenschaft engagieren – dazu gehören natürlich auch Partnerschaft und Familie. In all diesen Gruppen ist naturgemäß auch der Wunsch sehr groß, aktiv mitgestalten und mitbestimmen zu können. Je länger ich im Leitungsamt bin, desto klarer wird mir, wie ungeheuer wichtig eine reale Beteiligung an der Entscheidungsfindung ist, wenn eine Gruppe motiviert und innovativ auf dem Weg sein soll – schwungvoll wie beim Fahrradfahren. Unter realer Beteiligung verstehe ich die Möglichkeit, effektiv mitzureden, also nicht nur gehört zu werden, damit alle mal ihre Meinung gesagt haben, sondern ein reales Mitentscheiden durch ein möglichst bindendes Stimmrecht.

Der vielleicht größte Gamechanger war deshalb ein Wandel unseres Leitungsverständnisses, der nach und nach geschehen ist und sich in unserer konkreten Lebenswirklichkeit bewährt hat. Die zentrale Funktion von Leitung besteht für mich nicht darin, selbst zu entscheiden und die Verantwortung für Richtung und Inhalt zu übernehmen, sondern Leitung besteht für mich in Integration und Moderation der Inhalte und der Bewegungsrichtung der Gemeinschaft. Moderation ist Leitung, und zwar ist sie es dann, wenn ich unter Moderation mehr verstehe, als darauf zu achten, wer sich als Nächstes gemeldet hat. Moderation ist ein Mittel der Gestaltung von Kommunikation in Gruppen und Organisationen. Moderation setzt Beteiligung voraus. Sie macht nur Sinn, wenn es auch etwas zu koordinieren und integrieren gibt. Top-down-Anweisungen brauchen keine Moderation. Moderation, wie ich sie verstehe, heißt, den Kommunikationsprozess formal zu gestalten, ohne die Inhalte zu dominieren. Geht das denn? Aber ja! Und es geht auch als interne Moderation, die in der Durchführung gut von externer Moderation begleitet werden kann.

Wenn ich als Leitung in diesem Sinn moderiere, nehme ich meine Leitungsaufgabe voll und ganz wahr, denn ich sorge dafür, dass die Gruppe ihr Ziel erreicht. Gleichzeitig findet ein Paradigmenwechsel statt, wenn ich die Inhalte der Gruppe überlasse und mich selbst auf die Moderation beschränke. Das braucht sowohl Mut als auch Disziplin: Mut, weil ich Angst vor einem Kontrollverlust bekommen könnte, wenn ich den Inhalt wirklich ganz in die Entscheidung der Gruppe gebe, und Disziplin, um auch wirklich in der Rolle der Moderatorin zu bleiben. Das gelingt natürlich nicht immer gleich gut, aber ich habe damit viele gute Erfahrungen gemacht. Wenn ich in einem Gesprächsprozess etwa sage: „Wenn wir unser Ziel erreichen wollen, brauchen wir jetzt eine Entscheidung. Wie gehen wir vor?", ist dies eine Aussage von ganz anderer Qualität als: „Ich finde Vorschlag B am besten. Das machen wir jetzt so." Die Unterscheidung zwischen Prozess und Inhalt halte ich für einen ganz entscheidenden Schlüssel, egal ob wir mit einer externen oder einer internen Moderation arbeiten. Das ist für mich in beiden Fällen eine Frage der Professionalität.

Wie sieht das bei uns konkret aus, wenn wir als Gemeinschaft Themen bearbeiten und Entscheidungen fällen? Zunächst einmal gibt es dafür regelmäßige Termine für Versammlungen, die genau wie die Gruppe, die dann zusammenkommt, Kapitel heißen. Sie werden frühzeitig festgelegt – mindestens einmal im Monat ein dreistündiger Termin –, und zwar so, dass alle daran teilnehmen können. Bei größeren Themen können es auch ganze Tage sein. Die Themen werden in der Regel vorher angekündigt und gegebenenfalls werden dazu Fragen, Wünsche, Meinungen vorher eingesammelt – als Zettel auf einer Flipchart oder manchmal auch als schriftliche Umfrage. Bei sensiblen Themen beginnen wir meist mit einer Anhörrunde, in der sich jede frei äußern kann, aber über die Beiträge nicht diskutiert wird. Sind es Themen, die zu einer sehr lebhaften Diskussion führen, achte ich darauf, dass jede etwas dazu sagen kann. Argumente und Lösungsvorschläge werden eingesammelt und oft auch aufgeschrieben.

Bei der Entscheidungsfindung unterscheide ich zwischen Meinungsbild und Abstimmung. Das Meinungsbild ist nicht bindend, es ist eine Momentaufnahme. Abstimmungen, vor allem solche, die in unseren Konstitutionen vorgeschrieben sind, sind dagegen bindend. Diese Unterscheidung in Meinungsbild und Abstimmung hat zwei Gründe: Zum einen nutze ich manchmal ein Meinungsbild, um zu überprüfen, ob ein Thema entscheidungsreif ist. Zum anderen gibt uns diese Unterscheidung die Möglichkeit, bei wichtigen Themen auch der Sicht der nicht stimmberechtigten Mitglieder, die sich noch in der Ausbildung befinden, einen angemessenen Raum zu geben.

Um Beteiligung zu ermöglichen, braucht es nicht immer sogleich eine Änderung von Strukturen, sondern es ist vielmehr eine Frage der Entscheidung. Das gilt für alle Systeme. Vor einigen Monaten sprach ich mit einer Journalistin, die gerade neu die Verantwortung für ein Ressort übernommen hatte, über das Thema Beteiligung in der Kirche. Als ich erzählte, wie wir das üblicherweise im Kloster machen, kommentierte sie dazu: „Ja, ich merke auch, dass es gut ist, wenn ich mein Team öfter nach der Meinung frage." Das klang in meinen Ohren nicht so, als ob in dieser Redaktion schon lange ein demokratisches Konzept mit viel Beteiligung und Mitbestimmung etabliert sei. Ähnlich war die Reaktion von Immobilienfachleuten, denen ich erklärt hatte, dass die Versammlung der Schwestern die anstehende Entscheidung trifft und nicht ich. Ein Angestellter kommentierte lachend im Beisein seines Chefs: „Das sag' ich gleich morgen meinen Kollegen. Das Modell gefällt mir." Da ist, so scheint mir, in zahlreichen Gruppen, Organisationen und Systemen noch viel Luft nach oben.

Was heißt nun all das für das Fahrrad und die gemeinsame „Fahrradtour"? Als Leitung lenke ich das Fahrrad nicht, sondern wir alle gemeinsam sind der Radfahrer. Was bin ich dann als Leitung? Vielleicht der Lenker am Fahrrad selbst? Oder besser noch die Lenkstange: ein wichtiger Dreh- und Angelpunkt, der aber nicht die Richtung vorgibt, sondern die Impulse aufnimmt und weitergibt, sodass das Fahrrad in die gewünschte Richtung fährt.

„Eure Rede sei ja, ja und nein, nein" – das klare Wort

Als ich sechzehn war, nahm mich meine Mutter einmal beiseite und sagte besorgt-mahnend zu mir: „Du bist viel zu offen!" Den genauen Auslöser weiß ich nicht mehr, wohl aber, dass es um eine Beziehungsfrage ging. Sie schien zu befürchten und hat es vielleicht auch gesagt, dass ich mal unter die Räder komme. Ob sie sich in ihrer Befürchtung bestätigt fühlte, als ich mit knapp 21 Jahren ins Kloster ging, habe ich sie nie gefragt. Aus meiner Perspektive ist dergleichen in meinem Leben noch nie geschehen, weil für mich schon immer Offenheit und Klarheit zusammengehören. Als Teenager und mit Anfang 20 habe ich das noch nicht reflektiert, aber ich wusste immer, wo die Grenze war, die ich nicht überschreiten wollte. Da hat dann schon so mancher feststellen müssen, dass ich nicht so leicht über den Tisch zu ziehen bin.

Offenheit ist eine Voraussetzung für die eben beschriebene Entwicklung in unserer Gemeinschaft, und in dieser Zeit habe ich mehr als vorher darüber nachgedacht. Wie viel Offenheit und wie viel Abgrenzung sind lebensdienlich? Und wie unterscheide ich, was wann dran ist? Schließlich habe ich meine Erfahrungen in einen schlichten Satz gefasst, der ein echtes Aha-Erlebnis und ein wichtiger Gamechanger für mich war. Der Satz lautet: „Zieh die Grenze nur da, wo sie wirklich ist." Aber, wird hier sogleich der Einwand lauten, das ist doch automatisch immer so! Da möchte ich dann energisch widersprechen. Es ist leider fast nie so. Meistens gehen wir bereits in Abwehrhaltung, wenn wir das potenzielle Problem oder den uns mit seiner Person oder seiner Geschichte herausfordernden Menschen auch nur am Horizont kommen sehen. Und dann wenden wir alle Tricks an, die wir haben, um zu verhindern, dass „es" oder „er" oder „sie" näherkommt. Wir haben dazu eine Fülle von Vermeidungsstrategien zur Verfügung. Hier nur ein paar Beispiele:

- Ich tue so, als sehe oder höre ich nicht.
- Ich erkläre: Dafür bin ich nicht zuständig.
- Ich wehre mit einer dogmatischen Aussage ab: Es geht grundsätzlich nicht, dass …
- Ich lasse mich verleugnen: Die ist gerade leider nicht zu erreichen.
- Ich vergesse „es" einfach.
- Ich gebe keine Möglichkeit, mit mir alleine zu sprechen.
- Ich verhalte mich bewusst kühl und abweisend.

Diese oder ähnliche Abwehrmechanismen und Vermeidungsstrategien sind für den Menschen, der auf mich zukommt, immer verletzend. Denn alle diese Mechanismen haben eins gemeinsam: Sie transportieren eine Negativ-Botschaft, die zwangsläufig als Absage an die ganze Person verstanden wird. Wenn ich mein konkretes Problem nicht klar benenne, wirkt meine Abwehr als umfassende Abwertung und genau dadurch verletzend und verunsichernd.

Ein ganz typisches Beispiel, das wir widerspruchslos akzeptieren, ist das Drama von Dornröschen. Auch in diesem Märchen soll ein möglicherweise auftretendes Problem im Vorfeld vermieden werden. Die dreizehnte Fee wird gar nicht erst eingeladen, weil befürchtet wird, sie könnte wegen des fehlenden Festtagsgeschirrs empfindlich reagieren – eigentlich ein banales und lösbares Problem. Die Folge ist katastrophal; denn die dreizehnte Fee fühlt sich ausgegrenzt und als Person abgelehnt. Sie reagiert mit einem Fluch, der das neue Leben trifft und letztlich das gesamte Leben im Schloss zum Stillstand bringt. Was für ein Bild! Ist sie wirklich eine böse Fee? Oder nur eine verletzte Fee? Ist ihr Fluch bewusste Bosheit oder nur die natürliche Konsequenz der Ausgrenzung? Wie hätte eine bessere Lösung aussehen können? Eine Alternative wäre zum Beispiel gewesen, alle dreizehn einzuladen und kommen zu lassen und dann in die Runde das Problem transparent zu machen: Von diesem Geschirr gibt es leider nur zwölf Gedecke. Was können wir jetzt tun? Es hätte sich sicher mehr als nur eine Fee gefunden, die gerne aus einem anderen Geschirr gegessen hätte.

Offensein und Offenbleiben ist eine große Herausforderung. Ich muss jedes Mal loslassen, was mich gerade beschäftigt, was ich jetzt eigentlich tun wollte, und mich möglicherweise von dem, was auf mich zukommt, in die Pflicht nehmen oder auch infrage stellen lassen. Ganz gleich, ob es nun alltägliche Banalitäten sind – da wird Hilfe beim Spülen oder Aufräumen gebraucht; ich könnte ja wirklich gerade mal den Mülleimer leeren; da liegt ein Stück Papier auf dem Boden, das da wirklich nicht hingehört … – oder ob es die großen Lebensfragen und Schicksalsschläge einzelner Menschen sind oder gar Herausforderungen, die uns alle betreffen wie die Coronapandemie oder die inzwischen auch hautnahen Naturkatastrophen, die dramatische Symptome des Klimawandels sind. Ich bin Nonne. Ich habe ein Gehorsamsversprechen abgelegt und ich verstehe genau das darunter: offen und achtsam zu sein und zu bleiben – ein hörender Mensch. Es gelingt mir längst nicht immer, aber das ist kein Grund, es nicht jeden Tag, ja von Augenblick zu Augenblick neu zu versuchen.

Und die Grenze? Wo ist sie und wie gehe ich mit ihr um? Beim Umgang mit schwierigen Themen, denen ich aufgrund meiner Rolle als Leitung nicht ausweichen kann, habe ich viel gelernt. Als Priorin befand ich mich unter anderem einige Male in der Situation, einer Klosterinteressentin sagen zu müssen, dass ich keine Möglichkeit für einen Eintritt sehe, oder auch einer Schwester in Ausbildung, dass sie so ihr Ziel einer dauerhaften Zugehörigkeit zur Gemeinschaft nicht erreichen wird. Anfangs stand ich emotional jedes Mal ziemlich unter Strom, wenn ich etwas Kritisches anzusprechen hatte. Solange ich selbst so aufgeregt oder unsicher bin, dass ich in meinen eigenen Emotionen gefangen bleibe, ist es wirklich schwierig, Problemthemen anzusprechen. Denn ich lade die ganze Situation dabei unwillkürlich auch noch mit meinen Emotionen auf. Wie wohl die meisten Menschen war ich dann irgendwie bemüht, die Sache besonders schonend anzugehen, habe versucht, es sorgfältig einzupacken, und deshalb eher in Andeutungen gesprochen und dadurch wahrscheinlich oft auch mit allzu vielen Worten. Kurz gesagt: Es ging meistens schief. Das Problem war anschließend oft größer statt kleiner geworden, eine Lösung eher ferner denn näher. Hinter all dem verbergen sich wieder

Vermeidungsstrategien; denn mit meiner ängstlichen Vorsicht nutze ich bestenfalls meiner eigenen Feigheit und Bequemlichkeit.

Den entscheidenden Gamechanger fand ich für mich in folgender schlichten Erkenntnis. Die Frage lautet nicht: Wie packe ich es möglichst angenehm ein? Sondern: Wie packe ich es richtig aus? Dies soll in einem bewusst drastischen Bild verdeutlicht werden, das ich irgendwo als Cartoon gesehen habe. Es macht nichts besser, wenn ich einem anderen Menschen etwas in einem noch so schönen Geschenkpapier samt Schleife überreiche, das mein Gegenüber dann inhaltlich aber als Giftschlange oder Bombe erlebt. Das ist nicht hilfreich, sondern das ist bestenfalls (ungewollt) zynisch. Es geht also darum, die Grenze, die ich zu markieren habe, möglichst klar und direkt anzusprechen, aber zugleich in einem möglichst wertschätzenden Kontakt mit meinem Gegenüber zu bleiben.

Es gibt viele Varianten von Feedbackregeln. Ich halte sie in solchen Situationen nur bedingt für hilfreich; denn auch sie arbeiten oft nach dem „Einpack-Prinzip". Einige davon wirken auf mich auch recht gestelzt und wenig alltagstauglich. Im konkreten Zusammenleben von Menschen wird kaum einer den anderen fragen: „Willst Du von mir ein Feedback?", oder umgekehrt: „Darf ich Dir ein Feedback geben?" Das klingt leicht nach einer asymmetrischen Beziehung, einer schiefen Ebene zwischen den Partnern. Handelt es sich um die Kritik meines Chefs, kann ich außerdem kaum das, wovon ich meine, dass es nicht zutrifft, einfach als für mich nicht hilfreiches Feedback „weiterziehen lassen".

Um das Erreichen einer Grenze zu markieren, halte ich es für besser, Tacheles zu reden. Das Wort Tacheles ist jiddischer Herkunft. Es bedeutet Ziel oder Zweck. Wenn ich

Tacheles rede, tue ich das also mit einer klaren Zielorientierung, nämlich mit der Absicht, eine Grenze zu markieren: „Das geht für mich so nicht." – „Bis hierhin und nicht weiter." Wer Tacheles spricht, redet Klartext, kommt sofort ohne Umschweife zum Kern dessen, was er oder sie denkt und will. Folgende zwölf Punkte oder Schritte sind – so meine Erfahrung – dabei zu beachten:

1. Klartext reden, ohne um den heißen Brei herumzureden,
2. aus einer wertschätzenden Haltung heraus,
3. im persönlichen Gespräch,
4. hinter verschlossenen Türen,
5. mit genug Zeit,
6. bezogen auf eine konkrete Situation,
7. mit einer konkreten, klaren Begründung,
8. in der Bereitschaft, mich unterbrechen oder kritisieren zu lassen,
9. Widerspruch und Emotionen gelassen im Raum stehen zu lassen,
10. nicht um selbst Dampf abzulassen,
11. sondern um etwas positiv zu verändern,
12. das zu einer Win-win-Situation führt.

Ich sage also, was ich denke, und nur das. Das heißt, ich verzichte darauf, Vermutungen zu artikulieren, welche Gefühle und Reaktionen meine Aussage bei der oder dem anderen weckt. Bitte keine Einleitung nach dem Motto: „Ich weiß ja, so etwas ist immer schwer und schmerzlich …" Auch sollte ohne Worte klar sein, dass ich bezogen auf mein Gegenüber eine positive Absicht habe. Also auch keine Beteuerungen: „Ich meine es ja nur gut mit dir. Ich will dir doch nur helfen …" Ich halte in solchen Situationen nichts von einer Kommunikation mit Briefen oder E-Mails, auch Telefonate sind nicht das geeignete Medium, sondern nur ein direktes Gespräch, gegebenenfalls mit dem Angebot an mein Gegenüber, sich eine Partnerin, einen Partner des Vertrauens als Verstärkung mitzubringen. Ganz wichtig finde ich auch, dass ein solches Gespräch in einem ungestörten Rahmen ohne Zeitbeschränkung stattfindet. Es ist fatal, wenn ständig das Handy geht, ich auf die Uhr schaue oder auf einmal aufstehe und sage, dass der nächste Termin wartet. Solche Gespräche haben immer Priorität und sollten erst beendet werden, wenn meine Gesprächspartnerin sich vom angesprochenen Thema lösen kann. Es ist völlig normal, dass es bei emotional besetzten Themen bisweilen mehrere „Runden" zum Zulassen-Können und erst recht zur Verarbeitung braucht.

Ebenfalls ist es völlig normal, wenn durch ein solches Tacheles-Reden meine Beliebtheit beim anderen nicht steigt. Gut ist, sich vorher darauf einzustellen und auch Widerspruch, Wut und Abwehrreaktionen als natürliche Reaktionen auf eine solche Klartextrede zu akzeptieren, ohne mich dahinein zu verstricken, aber auch ohne mich in die Defensive treiben zu lassen oder nachzugeben. Auch toleriere ich in solchen Situationen, vom anderen unterbrochen zu werden, solange dies nicht zu einer umfassenden Abwehrreaktion wird nach dem Motto: Selbst viel Lärm machen, um nicht hören zu müssen.

Habe ich Sorge, dass es mir nicht gelingt, meine Reaktion emotional zu kontrollieren, dann brauche auch ich eine Unterstützung durch einen Partner oder eine Partnerin meines Vertrauens, um Eskalationen vorzubeugen. Sollte bei mir eine persönliche Verletzung vorliegen, bin ich wahrscheinlich jetzt die falsche Person und sollte das Gespräch lieber delegieren. Mein Ziel, das sollte mir intellektuell und emotional ganz klar sein, ist eine Veränderung zum Positiven, die allen dient. Es kann hilfreich sein, gemeinsam zu überlegen, worin so eine Win-win-Lösung konkret bestehen könnte. Seit ich verstanden habe, dass es für Veränderungen diese Klartext-Rede braucht, und seit ich es versuche, habe ich zahlreiche gute Erfahrungen damit gemacht. Dadurch ist längst nicht alles gut geworden – schwierige Themen bleiben eben schwierig –, aber manches ist auf diesem Wege deutlich besser geworden.

Brandherdbekämpfung oder die Kunst der Priorisierung

Einen weiteren wichtigen Gamechanger entdeckte ich bei meinem Versuch, mit der Überfülle an Themen, die mich täglich geradezu überschwemmen, fertig zu werden. Was muss zuerst kommen? Was kann warten? Das Hauptproblem bei der Priorisierung war und ist für mich immer die Sorge, dass ich in der Fülle der Reize und Themen etwas wirklich Wichtiges übersehen und damit Schaden anrichten könnte. Den Traum, immer alles schön sortieren zu können, habe ich schon längst aufgegeben. Es ist einfach zu viel. In einem Winkel meiner Seele träume ich aber immer noch davon, dass mal ein zusätzlicher, völlig freier Monat käme. Ja, dann ... Was also tun? In Frankfurt bei einem Gespräch zum Thema Leitung mit einem Kommilitonen, der bereits im Management einer großen Bank tätig war, sagte dieser zu mir: „In der Kybernetik kommt es auf die Zahl der Verknüpfungen an, nicht die Größe des Systems." Die Verknüpfungen in und um das „Biotop" Kloster sind außergewöhnlich zahlreich, denn Lebens- und Arbeitswelt sind eins und das Beziehungsgeflecht umfasst alles, von der Familie bis zu internationalen Beziehungen. Das führt zu einer Fülle von unterschiedlichen Bereichen, die alle ein Mindestmaß an Sachkenntnis von der Leitung erfordern und koordiniert werden wollen: ob Küche, Landwirtschaft, Krankenstation, Aus- und Fortbildung, Verwaltung, Rechtsfragen, Werkstätten, Handwerker und Immobilien, Gäste, Urlaubsplanung, interne Gesprächsprozesse und Entscheidungsfindung, rechtliche Grundlagen, Konfliktbewältigung, Feste und Feiern, Kontakte zu Stadt und Bistum, weltweite Kontakte zu anderen Klöstern und so weiter. Alles gehört dazu. Es ist eine Welt im Kleinen von hoher Autonomie. Kybernetik ist, einfach gesagt, die Kunst der Steuerung und damit für jeden in einer Leitungsfunktion von zentraler Bedeutung. Dies gilt umso mehr, je komplexer das System ist. Ein wichtiger Faktor bei dieser Steuerung ist die Fähigkeit zu priorisieren, also herauszufinden, was jetzt am wichtigsten ist – und das möglichst treffsicher und schnell.

Mein persönliches Koordinatensystem zur Priorisierung ist zunächst einmal ganz simpel. Es lautet: Mensch vor Sache und wichtig vor unwichtig beziehungsweise groß vor klein. „Mensch vor Sache" ergibt sich aus den Werten meines Lebensentwurfes und meiner Gemeinschaft. Wobei es da natürlich jede nur denkbare Mischung gibt; denn es gibt auch „Sachen", die für Menschen höchst existenziell sein können, zum Beispiel genug zu essen. Wir haben eine Lebensmittelausgabe. „Groß vor klein" klingt ganz selbstverständlich, ist es aber nicht. Ich kenne viele Menschen, die genau umgekehrt vorgehen. Sie versuchen, erst die kleinen und weniger wichtigen Dinge abzuarbeiten, um dann frei zu sein für die großen Themen und diese ohne Ablenkung bearbeiten zu können. Wenn aber, wie in einer Führungsposition, die Themen pausenlos nachwachsen, besteht die Gefahr, dass es dann nie so weit kommt. Wer es wie ich umgekehrt macht, muss dafür immer mit einem gewissen Chaos im Kleinen leben. Priorisieren heißt immer, Kompromisse einzugehen. Eine afrikanische Priorin, die eine Zeit lang mit uns lebte, kommentierte einmal verständnisvoll lachend angesichts der Fülle von Papier und anderen Dingen, die sich in meinem Gesprächs- und Arbeitsraum, dem Priorat, angesammelt hatten: *„The order of the prioress should not be the order of the community"* – „Die Ordnung der Priorin sollte nicht die Ordnung der Gemeinschaft sein." Da heißt es dann, mit dem Provisorium und mit den eigenen ganz konkreten Defiziten zu leben. Immer wieder reichen Zeit und Energie einfach nicht für alles. Ich habe mich in meinem Leben noch nie so oft entschuldigt, wie seit ich Priorin bin.

Natürlich ist es wichtig, auch gezielt Raum für die kleinen Dinge zu schaffen. Die Grünen Zeiten, wie ich es nenne, haben sich da beispielsweise bewährt. Dann hängt ein grünes Schild an meiner Türe mit der Aufschrift: „Bitte eintreten!" In diesen durch Aushang angekündigten Zeiten, darf eine jede einfach vorbeikommen, um kleine Fragen und Themen zu klären. Priorisierung braucht Organisation, die von kleineren praktischen Hilfen über gute Berater bis zur Delegation von größeren Teilbereichen reicht. Sehr dankbar bin ich, dass ich viele große Bereiche wie Verwaltung, Ausbildung, Gäste fast vollständig abgeben kann. Das entbindet mich als Leitung aber nicht davon, auch diese Bereiche wenigstens im Augenwinkel zu behalten und achtsam zu bleiben. Auch muss der Informationsfluss stets gewährleistet sein, diesen aber gilt es wiederum zu sortieren.

Ein starkes Bild für das Problem des Sortierens liefert das Märchen vom Aschenputtel oder von Cinderella – eines der bekanntesten und meist verfilmten Märchen überhaupt. Um zum Ball mit dem Prinzen gehen zu dürfen, muss Aschenputtel, die gedemütigte und gemobbte Stieftochter und Stiefschwester, Linsen oder Erbsen aus der Asche auflesen. Ein aussichtsloses Unterfangen; denn es muss eine Überfülle in kurzer Zeit sortiert werden. Dies gelingt Aschenputtel aber dennoch, weil ihr Vögel, in der Regel Tauben, zur Hilfe kommen. Auch wenn sie am Grab ihrer Mutter um Hilfe bittet, ist immer eine weiße Taube zu sehen. Tiere stehen in Märchen oft für die „instinktiven" Kräfte im Leben des Menschen. Vögel stehen für solche Kräfte aus einem „höheren", geistigen Bereich. In der christlichen Ikonografie steht die weiße Taube für den Heiligen Geist. Wer oder was hilft nun also Aschenputtel beim Sortieren?

Wenn ich eine Überfülle an Themen und Ereignissen zu sortieren habe, hilft mir vor allem meine Intuition. Blitzschnell „weiß" ich einfach: Das ist jetzt wichtig und muss die Priorität haben. Das fühlt sich ganz einfach und sicher an, ist aber nur schwer zu erklären. Was ist Intuition? Eine Fülle von Literatur von der wissenschaftlichen Arbeit[24] bis zur Esoterik versucht diese Frage zu beantworten. Intuition ist die wohl geheimnisvollste Form menschlicher Wahrnehmung. Die einen schwören auf sie, die anderen halten sie für ein Hirngespinst. Da sprechen Menschen von Ahnung oder Vorahnung, vom Bauchgefühl und sagen: „Ich habe das aus dem Bauch heraus entschieden." Oder sie sprechen von Inspiration und Eingebung und Ähnlichem mehr. Ich meine keineswegs, dass das alles dasselbe ist, aber all dies gehört in den Bereich einer Wahrnehmung, die andere Quellen nutzt als Nachdenken und Schlussfolgerung. Einer Wahrnehmung, die vor allem eins ist: schnell. Das zeigt sich in Situationen wie etwa beim Fußball, wenn ein besonders begabter Spieler einfach weiß, wohin der Ball jetzt fliegt und deshalb oft zur rechten Zeit am rechten Ort ist und besonders häufig Tore schießt. Intuition arbeitet wie alle Formen von Wahrnehmung durchaus mit den Impulsen der Sinnesorgane, aber die Schlussfolgerung, das Ergebnis wird viel schneller erfasst. Es wird einfach „gesehen". Das Wort Intuition kommt von *„intueri"* (lat.), das heißt hinschauen, ansehen, anstaunen. Immer wieder wird in der Literatur die Frage gestellt, ob man Intuition lernen kann. Es werden Übungen dafür angeboten. Ich persönlich bin da eher skeptisch. Ein vorhandener Zugang zur Intuition kann, ja muss weiter kultiviert werden. Er braucht auch den bewusst unterscheidenden Verstand, um nicht in die Irre zu laufen. Aber Intuition ganz neu zu lernen?

Zwei Aspekte intuitiver Wahrnehmung sind für mich beim Sortieren all dessen, was ich sehe und höre, was auf mich zukommt und geschieht, wie die Leitplanken einer Straße oder die Dämme eines Flusses. Sie kanalisieren den Strom meiner Wahrnehmungen. Da ist zunächst einmal meine innere „Alarmanlage". Sie hilft mir bei der „Brandherdbekämpfung", lässt mich schnell erkennen: Hier wird es bedenklich. Und ich kann damit auch zielsicher echte Brandherde von „Scheinfeuern" unterscheiden. Wo viele Menschen eng zusammenleben, flammen immer wieder solche Scheinfeuer auf. Das heißt, es gibt viel Emotion und Aufregung um eher unbedeutende Anlässe. Ein solches Scheinfeuer kommt auch in der Lebensgeschichte unseres Ordensgründers Benedikt von Nursia (ca. 480–547) vor, die Papst Gregor der Große im 6. Jahrhundert geschrieben hat. Dort heißt es:

„… Da schien plötzlich Feuer auszubrechen, und in den Augen aller Mönche sah es so aus, als ob das ganze Küchengebäude in Flammen aufginge. Sie schütteten Wasser hin und machten dabei großen Lärm, weil sie meinten, ein Feuer löschen zu müssen. Von dem Tumult beunruhigt, kam der Mann Gottes herbei. Er erkannte, dass es das Feuer nur in den Augen der Brüder gab; denn er selbst sah es nicht. Da neigte er sofort sein Haupt zum Gebet und rief die Brüder, die er von einem vorgegaukelten Feuer betrogen fand, zu dem zurück, was wirklich zu sehen war. Sie erkannten, dass das Küchengebäude unbeschädigt dastand, und sahen die Flammen nicht mehr …"[25]

Als junge Schwester habe ich Christa Wolfs Buch *Kassandra* gelesen. Dieses Buch erzählt die dunkle, dramatische Geschichte des Untergangs von Troja aus dem Rückblick der Seherin Kassandra kurz vor ihrem Tod, den sie ebenfalls kommen sieht. Die Kassandra der griechischen Mythologie *(Ilias)* ist zum Prototyp der Unheilsprophetin geworden. In Christa Wolfs Buch geht es sehr stark um die Gabe des Sehens. Kassandra fragt sich, warum das Offensichtliche nicht gesehen wird: „Alles, was sie wissen müssen, wird sich vor ihren Augen abspielen, und sie werden nichts sehen. So ist es eben."[26] – Ein Thema von großer Wichtigkeit, wenn es um die „Logik des Misslingens" geht. Die Tragödie in Afghanistan ist dafür ein erschütterndes Beispiel, genauso wie die Flutkatastrophe im Sommer 2021. Wenn meine intuitive Alarmanlage nicht zuverlässig funktioniert hat, dann weiß ich zurückblickend eigentlich immer, wann und wo ich eine rote Ampel überfahren habe. Meist spielt irgendeine Variante von Nicht-sehen-Wollen dabei eine Rolle.

Der zweite Aspekt von Intuition, der mir bei der Priorisierung hilft, ist ein Gespür für Entwicklung, für Möglichkeiten. Ich habe eine „Nase" für Chancen. Sie unterscheidet zwischen: Das wird – das wird nicht; das hat eine Chance – dies nicht; das ergibt Sinn – dies nicht … Diese Unterscheidung hilft mir gerade dann, wenn es um Innovation geht, unter verschiedenen Möglichkeiten zu wählen. So orientiere ich mich zwischen „Mensch und Sache", „Großem und Kleinem", „Gefährdung und Chance" bei der Frage: Was hat die Priorität? Was ist jetzt als Nächstes dran? Im Lauf der Jahre habe ich viele gute Erfahrungen damit gemacht. Der eigentliche Gamechanger liegt aber in einem Loslassen, geboren aus dem Vertrauen, dass es so genügt. Das ist eine gewaltige Entlastung, um die es im nächsten Kapitel gehen soll.

NO RISK, NO FUN

In der gemeinsamen Performance schließt sich ein Entwicklungsbogen und ein neuer öffnet sich sofort. Ankommen und Aufbrechen fallen in eins. Plötzlich sehen wir uns ganz neuen Dimensionen der Herausforderung gegenüber. Ich werde Priorin in Afrika – unter Coronabedingungen. Als die Gemeinschaft dies entscheidet, fallen tatsächlich diese Worte: *„No risk, no fun."* Damit beginnt ein neues Abenteuer, dem sogleich ein noch viel größeres folgt ...

Gelassenheit – ist alles ganz einfach?

Auf einmal habe ich es verstanden, nicht mit dem Kopf, sondern mit dem ganzen Menschen. Auf einmal ist da diese neue Gelassenheit. Irgendwie habe ich losgelassen. Was denn? All das, womit ich mir Stress gemacht, mich selbst unter Druck gesetzt habe? Wahrscheinlich. Der Stress, der aus der Angst vor einem Kontrollverlust kommt, genauso wie der Leistungsdruck, es besonders gut machen zu wollen. Warum jetzt? Ich weiß es nicht und ich muss es auch nicht wissen. Ich bin einfach dankbar dafür und fühle mich entlastet. Auch das Tsunami-Gefühl und das Gefühl des „Nicht-zu-Hause-Seins" lösen sich weitgehend auf. Kann es so einfach sein? Vor mir sehe ich wieder die alte Priorin sitzen mit ihrem gelösten Lächeln, völlig stressfrei: „Ich mache das so: Ich mache abends so lange, wie ich kann. Dann gehe ich schlafen und morgens mache ich wieder weiter." Nun mache ich es genauso. Ich denke an zwei Figuren von Michael Ende. Da ist Beppo Straßenkehrer aus dem Buch *Momo*, der mit dem Motto „Schritt, Atemzug, Besenstrich" jede noch so lange Straße bewältigt: „‚Man darf nie an die ganze Straße auf einmal denken, verstehst du? Man muss nur an den nächsten Schritt denken, an den nächsten Atemzug, an den nächsten Besenstrich. Und immer wieder nur an den nächsten.' Wieder hielt er inne und überlegte, ehe er hinzufügte: ‚Dann macht es Freude; das ist wichtig, dann macht man seine Sache gut. Und so soll es sein.'"[27] Und da ist die Schildkröte Tranquilla Trampeltreu[28], die „Schritt für Schritt" ihr Ziel erreicht und ganz pünktlich zur „Hochzeit des großen Königs" ankommt – wenn auch eine Generation später. Was macht das schon? Ein Gefühl von Leichtigkeit erfüllt mich. Ja, das trifft es am besten: eine neue Leichtigkeit. Ich habe versucht, diese Erfahrung für mich in Worte zu fassen:

LEICHTIGKEIT

Wie eine
Feder
im Wind
federleicht
ganz
in der Bewegung

Wie ein
Blatt
vom Baum
im Herbst
schwebend leicht
im Fallen
ganz
losgelassen

Wie ein
Vogel
im Flug
schwerelos leicht
ohne Flügelschlag
ganz
getragen

Wie ein
Kind
beim Spiel
kinderleicht
ganz
im Augenblick.
JETZT!

Dazu gibt es nicht viel mehr zu sagen. An dieser Stelle möchte ich aber noch einmal zurückschauen und den Bogen spannen über den bis hierhin zurückgelegten Weg und die dabei gemachten Lernerfahrungen, bevor ich von dem erzählen will, was nun weiter geschah.

Zu Beginn, gleich nach der Wahl 2010, begann meine Entdeckungsreise in eine neue Welt. Drei Prüfungen hatte ich dabei anfangs zu bestehen:

- Überwältigt von einer Flutwelle von Wahrnehmungen und Informationen geht es darum, in der Reizüberflutung den Kopf über Wasser zu halten.
- Ich befinde mich inmitten von vielen Geschichten, die vor meiner Zeit begonnen haben, bestehend aus Altlasten und überlieferten Narrativen, die ich irgendwie zu Ende bringen muss, ehe meine Geschichte beginnen kann.
- Gefangen im Spiegelkabinett eigener und fremder Rollenerwartungen, suche ich mein persönliches Zauberwort der Entlastung, das mich befreit.

Fünf grundlegende Fähigkeiten (Basics) habe ich in den ersten Jahren zu lernen:

- Drohende Eskalationen zu erkennen und Wege zu finden, um bewusst zu deeskalieren beziehungsweise eine Atmosphäre der Deeskalation, des Friedens, zu schaffen.
- Die Energie zu halten in der Belastung, im Lasten-Tragen und im Flow.
- Mikropolitik zu erkennen und selbst anzuwenden als ein Mittel der Integration und der Problemlösung.
- Transparenz zu trainieren und auch strukturell zu etablieren.

- Wertschätzung zu zeigen und eine Atmosphäre der Wertschätzung zu fördern.

Trotz all meiner Bemühungen war die Krise unvermeidbar. Ich vermute inzwischen, das ist immer so. Sie lehrte mich, Schattenspielen und Machtkämpfen zu widerstehen und mich im Dschungel komplexer Situationen nicht zu verlieren. Aber vor allem habe ich gelernt, dass der entscheidende Einsatz ich selbst bin. Der Ausweg aus einer solchen Krisensituation findet sich mithilfe:
- der eigenen Resilienz
- und der Resilienz der Gemeinschaft.

Nach der Krise halfen mir fünf Gamechanger auf dem weiteren Weg. Drei kommen aus dem gemeinsamen Weg:
- Der Boden, auf dem ich stehe, ist durch die Wiederwahl tragfähiger geworden.
- Positive Herausforderungen bringen Schwung in die gemeinsame Performance.
- Die gemeinsame Entscheidungsfindung gewinnt ein neues Profil.

Außerdem finde ich zwei weitere Schlüssel:
- meine persönliche Balance zwischen Offenheit und Klarheit
- und eine neue Gelassenheit.

Wer bin ich als nun Priorin? Hier im O-Ton das, was ich am Beginn meiner zweiten Amtszeit dazu gesagt habe. Jede Schwester hat zuvor ein Blatt mit ihren Arbeitsbereichen und Tätigkeiten bekommen. Da kam ich auf die Idee, auch eines für mich selbst zu schreiben und so ein leicht scherzhaftes „Stellenprofil" für die Leitung zu erstellen, das ich einige Tage vor der Ämtererneuerung der Gemeinschaft vorgetragen habe:

„Hauptarbeitsbereich: Priorin – Man kann sich da schonmal fragen: Was tut die eigentlich den ganzen Tag? Der Schlüssel dazu liegt in den 4 M. Die Priorin ist: Mutter – Moderatorin – Managerin – Mädchen für alles.

Mutter
Dazu bedarf es vielleicht zunächst einer Erläuterung, was das für mich bedeutet; denn Mütterlichkeit hat viele Gesichter. Ich bin mir der Tatsache bewusst, dass ich nicht der ‚Gluckentyp' bin. Für mich trifft wohl eher zu, was meine Mutter zu mir sagte, als ich 16 Jahre war und die Kinder aus meiner Jugendgruppe in der Pfarrei immer schon zwei Stunden zu früh bei uns schellten: ‚Du bist wie eine Tigermutter, die ihre Jungen verteidigt.' Sie versuchte nämlich die Kinder wegzuschicken, weil ich gerade erst aus der Schule gekommen war, was ich aber nicht zuließ.

Mütterlichkeit, das heißt für mich, dem Leben Raum zu geben, es zu schützen und zu verteidigen, Wachstum zu ermöglichen. Und auch was dieses Wachstum betrifft, komme ich auf meine Mutter. Es ist für mich geradezu die Definition einer Familie, dass sie wächst und größer wird. Meine Mutter hat, während sie als Lehrerin voll berufstätig war, zu sechs eigenen Kindern noch ein Pflegekind aufgenommen und immer Raum gehabt für Nachbarskinder, Austauschschüler, unsere Spielkameraden – stets nach dem Motto: Wo schon sechs sind, fallen ein paar mehr auch nicht mehr auf. Ihr werdet bei mir also immer leuchtende Augen sehen, wenn es um Zuwachs geht. Das wird mir nie zu viel!

Als Priorin Mutter zu sein, was heißt das sonst für mich? Es bedeutet, immer verfügbar zu sein als Tankstelle, Sorgentelefon, Klagemauer, wenn nötig als Feuerwehr, und manchmal auch als Prellbock. Konkret heißt das: 10–15 Stunden geplante Einzelgespräche pro Woche und alles, was so zwischendurch passiert. Damit ihr euch das vorstellen könnt: Ein außergewöhnlich ruhiger Tag ist es für mich, wenn ich zwischendurch nicht mehr als zwanzig Mal angesprochen werde.

Moderatorin

In manchen Gemeinschaften ist dies die Bezeichnung für die gewählte Oberin. Auch die CIB (der Weltverband aller benediktinischen Frauenklöster) hat an oberster Stelle eine Moderatorin und keine Vorsitzende, Präsidentin oder etwas Ähnliches. Wenn ich dafür Bilder und Erfahrungen suche, die für mich Moderation beschreiben, so ist es für mich zunächst und ganz körperlich spürbar die Erfahrung des Dirigierens, bei der es nicht darum geht, meine eigene Idee vom Gesang durchzusetzen. Sondern es geht darum, das, was in der Luft liegt, was jede Einzelne will, intuitiv zu erfassen und ihm als Impulsgeberin einen Ausdruck zu verleihen, sodass Integration möglich wird.

Ein anderes Bild ist, Regisseurin eines unendlichen Dramas zu sein. Die Regisseurin schreibt nicht das Drehbuch, sondern versucht nur, den Schauspielerinnen zu helfen, dieses überzeugend zu verwirklichen. Was unsere Gemeinschaft fast nie braucht, ist Animation oder eine Entertainerin. Wunderbar diese Lebendigkeit! Manchmal fühle ich mich dann eher wie eine Dompteuse im Zirkus, die versucht, den überwältigenden Überschuss an Energie, Ideen und Redebeiträgen zu bändigen, um ein Gespräch zu ermöglichen und zu einem guten gemeinsamen Ziel zu führen.

Als Priorin Moderatorin zu sein, das heißt konkret, Sitzungen vorzubereiten und zu moderieren (Kapitel, Rat, AGs, etwa Baugruppe, Liturgiegruppe, Nov-Team und so weiter), außerdem Konventgespräche und bei Bedarf auch Rekreationen zu moderieren. Es sind ebenfalls mindestens 10–15 Stunden pro Woche, die ich damit verbringe.

Managerin

Es ist unvermeidlich, dass ich als Priorin auch Managerin bin. Das Ganze muss laufen, nach innen und nach außen. Irgendjemand muss versuchen, den Überblick zu behalten über alles, was ansteht. Egal wie klein oder wie groß, alles will im Blick gehalten werden. Es fühlt sich so an, als würde ich mit zahllosen Fäden, von denen ich möglichst keinen je aus der Hand verlieren sollte, einen komplizierten Teppich oder sonst ein Gewebe flechten. Ich soll als eine wandelnde Informationszentrale immer wissen, worum es gerade geht, was zuletzt gewesen ist und was als Nächstes geschehen soll – ein ständiger schneller Themenwechsel. Das Ganze ist ein Problem der Informationsverarbeitung, und manchmal wünsche ich mir eine zusätzliche ‚externe Festplatte‘ für meinen Kopf. Als Priorin Managerin zu sein, ist für mich der anstrengendste Teil meines Dienstes. Dieser Aspekt lässt sich nicht in Zeit messen, er ist allgegenwärtig.

Mädchen für alles

Schon als Kind habe ich gerne gestopft, und mein Ehrgeiz bestand darin, es so zu machen, dass man es nicht
bemerkte. Kunststopfen habe ich dies für mich genannt,
und es passte gut zu meiner Rolle im Kreis der sechs Ge-
schwister. Löcher jeder Art und Größe zu erkennen und
zu füllen – und das möglichst selbstverständlich – gehört
für mich zum Dienst der Priorin. Ich bin immer für alles
letztverantwortlich und kann mich dem nie entziehen,
ob es ums Spülen oder um große vakante Arbeitsberei-
che geht. Ich tue das gerne, so anstrengend es auch sein
kann. Als Priorin Mädchen für alles, möglichst bereitwil-
lige Lückenbüßerin zu sein, das ist für mich ein kostbares
Bild für das Dienen geworden: alles tun, was niemand
anders tut, mich um alles kümmern, um das sich gerade
niemand kümmert.

Da ist zum Beispiel das Bauen, ich werde mich um
alle Bauprojekte bis auf Weiteres selbst kümmern. Bau-
meisterin zu sein, ist ja auch ein sehr schönes Bild für den
Dienst der Priorin. Es sei schon mal angekündigt, dass
sich eine zweite große Lücke nun schließt: Das Amt der
Novizenmeisterin werde ich mit der Ämtererneuerung
abgeben. Ich schaue zutiefst dankbar und mit großer innerer Freude auf die letzten fünf Jahre zurück und freue
mich auf alles, was da nun weiterwächst."

„An ihren Früchten werdet ihr sie erkennen"

Wachsen und Frucht tragen: Das ist genau das Stichwort,
um das es jetzt gehen soll. Was den meisten Menschen, die

unsere Gemeinschaft kennenlernen, zuerst auffällt, ist die Altersstruktur und natürlich vor allem der Nachwuchs – die Schwestern im weißen Schleier. Seit ich 2010 Priorin wurde, durfte ich fünfundzwanzig Frauen neu in die Gemeinschaft aufnehmen, die das klösterliche Leben erproben wollten. Davon sind bis jetzt achtzehn geblieben. Fünfzehn Schwestern haben sich in diesem Zeitraum durch ein Versprechen auf Lebenszeit an unsere Gemeinschaft gebunden. Die Gesamtzahl der Schwestern ist dadurch gewachsen – gegen den Trend einer weithin sterbenden Klosterlandschaft in Europa und einer immer tiefer in die Krise geratenen Kirche. Natürlich werde ich immer wieder gefragt, was wir machen, damit wir Nachwuchs bekommen. Ehrlich gesagt, drücke ich mich dann meist um eine Antwort, indem ich mich auf die spirituelle Ebene zurückziehe und sage, dass es dabei um Berufung geht, und dass Berufung unverfügbar und ein Geschenk Gottes ist. Das ist eine ganz und gar richtige Aussage, aber natürlich nur ein Aspekt der Realität, wenn auch der wichtigste. Es ähnelt der Situation, wenn ein Paar sich Kinder wünscht, aber es klappt nicht. Dann lässt sich viel dazu sagen, was es braucht, und auch viel tun. In vielen Fällen führt dies dann zum gewünschten Erfolg, in manchen lässt sich aber trotz allem Bemühen gar nicht ermitteln, worin das Problem besteht, oder die Lösungsversuche greifen einfach nicht. Auch in diesen Situationen erfahren die einen vom Glück überwältigt, die anderen aber voller Schmerz, dass Leben ein Geschenk und letztlich unverfügbar ist. In solchen Lebenssituationen passt eine Rhetorik des Erfolgs, des Machens, der Leistung einfach nicht.

Es gibt genug Menschen, die nach einem alternativen spirituellen Lebensstil suchen, und noch mehr, die sich nach Gemeinschaft sehnen, um alle Klöster gleich mehrfach zu füllen. Schon während meines Studiums habe ich nach Begegnungen mit suchenden Frauen oft gedacht: Ich kenne so viele, die es mit ihrer Suche ernst meinen, dass sich damit viele Klöster füllen ließen. Aber genauso habe ich mich gefragt: Wie kommt es, dass diese Suche nicht mit den existierenden Klöstern zusammenkommt? Natürlich kann ich einiges dazu sagen, worauf es meiner Erfahrung nach ankommt, damit neue Schwestern, ja eine neue Generation im Kloster Fuß fassen kann.

Ein wichtiger Punkt, den wir lernen mussten, war, unsere Ausbildung wirklich auf erwachsene Frauen hin auszurichten, die Lebenserfahrung und in der Regel sowohl Berufs- als auch Beziehungserfahrungen mitbringen, die jahre- oder auch jahrzehntelang ein selbstbestimmtes Leben geführt haben. Bei genauerem Hinschauen war das traditionelle Konzept der Ausbildung auf junge Mädchen hin ausgerichtet und entsprach außerdem eher dem Frauenbild der 50er-Jahre des 20. Jahrhunderts als einem aktuellen Menschenbild und aktuellen Erkenntnissen der Persönlichkeitsentwicklung. Ziel war damals die reibungslose Eingliederung in das System Kloster. Von den neuen Mitgliedern, die in dieser Zeit zahlreich und meist sogleich nach der Schule ins Kloster eintraten, wurde erwartet, dass sie sich ohne Fragen oder gar Widerspruch bereitwillig ins Ganze einfügten. Sie wurden oft wie Kinder behandelt, und wer sich nicht anpasste, wurde entlassen. Eine solche Reduktion und die implizite Aufforderung zur Regression dient aber weder dem Menschen noch dem spirituellen Leben – im Gegenteil.

Heute bemühen wir uns, bewusst Raum zu geben für die Entwicklung jeder Einzelnen und dabei der Tatsache Rechnung zu tragen, dass die Kandidatinnen zunehmend verschiedener sind und auf sehr verschiedenen Wegen aus ganz unterschiedlichen Lebenswelten kommen. Die Ausbildung ist stark prozessorientiert. Wir versuchen, diesen Prozess zu begleiten und dabei Mut zu machen, die eigene Biografie durchzuarbeiten, weil auftauchende Probleme meist dort tiefe Ursachen haben. Nicht Reibungslosigkeit ist das Ideal, sondern eben ein bewusster, gut durchgearbeiteter Weg und geklärte Motivationen. Darüber hinaus ist das Thema Gemeinschaftsfähigkeit aufgrund unseres intensiven Zusammenlebens ein zentraler Punkt, an dem sich viel herauskristallisiert.

Alle Kandidatinnen haben mehrere Ansprechpartner. Das alte, für die Priesterausbildung im Kirchenrecht verankerte Modell, zwischen einem *„Forum internum"* und einem *„Forum externum"* zu unterscheiden, ist dazu hilfreich. Es sieht in einer Rollenteilung vor, dass es mindestens einen Ansprechpartner gibt, bei dem alles ins Unreine gesagt werden kann, weil er oder sie zum Schweigen verpflichtet ist und sich in die Entscheidungsfindung nicht einmischt *(Forum internum)*. Währenddessen ist es Sache des Ausbildungsteams *(Forum externum)*, mit der Kandidatin zu schauen und zu entscheiden, wie es konkret läuft und ob der eingeschlagene Weg der richtige ist. Wenn diese Rollenteilung funktioniert, wirkt sie vom Ansatz her deeskalierend und schafft den Freiraum zu einer umfassenden Klärung. Zusätzlich professionelle Hilfe (beispielsweise Psychotherapie oder andere Formen externer Beratung) kann im Bedarfsfall in Anspruch genommen werden. Gleichzeitig bemühen wir uns um eine Professionalisierung der Schwestern, die in der Ausbildung mitarbeiten.

In zunehmendem Maß wird unsere Gemeinschaft international. Darin ist sie ein Spiegelbild unserer Gesellschaft. Inzwischen haben etwa ein Drittel aller Schwestern einen

Migrationshintergrund, oft bereits in zweiter oder dritter Generation, aber manchmal auch ganz aktuell, sodass das Problem der Sprache in den Blick genommen werden muss. Zu einem spirituellen Leben gehört eine Austauschmöglichkeit in der Muttersprache, da es sich bisweilen um subtile und hochdifferenzierte Erfahrungen handelt, die auch in der eigenen Sprache nur schwer zu artikulieren sind. Insgesamt erleben wir das Miteinander der Nationalitäten und Kulturen als Bereicherung.

Kommen und Bleiben sind natürlich nicht dasselbe. Hinausbegleiten, wenn der Weg nicht passt, ist oft aufwendiger als hineinbegleiten. Wenn dann klar ist, dass eine Frau bei uns ihren Platz gefunden und sich auf Lebenszeit gebunden hat, dann hört der Weg nicht auf. Bindung und Freiheit, Gemeinschaft und Individualität sind lebenslange Themen. Es braucht Entfaltungsräume, Aus- und Weiterbildung sowie geeignete Aufgaben, um dauerhaft zufrieden zu sein.

So weit zum Thema Ausbildung. Dass neue Schwestern da sind, ist jedoch nur die notwendige Basis dafür, dass es weitergehen kann. So außergewöhnlich das heute geworden ist, so selbstverständlich ist es für das Ordensleben zu allen Zeiten und in allen Kulturen. Worin aber zeigt sich sonst noch Fruchtbarkeit? Worte wie Ausstrahlung, Unverdrossenheit, Lebendigkeit und Lebensfreude, Engagement sind für mich eine wichtige Spur. Gott suchen, das ist seit 1500 Jahren die entscheidende und die einzige Bedingung für einen Eintritt in ein benediktinisches Kloster. Darauf soll geachtet werden, ob der Interessent oder die Interessentin „wirklich Gott sucht" (RB 58,7). Das Wort Gott ist letztlich eine Chiffre. Es versucht mit den Mitteln menschlicher Sprache das Unsagbare zu sagen. Beim Gott-Suchen geht es unter anderem um das größtmögliche Ziel und die höchste

Motivation. Die gibt es in jedem Leben, in jeder Gemeinschaft, ja auch in jeder Organisation. Ziel und Motivation
sind Voraussetzungen für jedes Frucht-Tragen, für unsere
Suche nach dem Sinn und unser Bemühen, diesen Sinn zu
leben. Ich möchte versuchen, zwei für mich wichtige Spuren
dieser Suche, hinter der sich eine ganz allgemein mensch-
liche Suche verbirgt, am Bild der Schatzsuche lebendig
werden zu lassen nach dem Wort der Bibel: „Denn wo dein
Schatz ist, da wird auch dein Herz sein" (Mt 6,21).

Die Suche beginnt mit einer Frage. Wenn ich mir die Zeit
nehme, nach innen zu spüren, zu hören, zu schauen: Was
kommt spontan als Erstes, wenn ich das Wort Schatz auf
mich wirken lasse? Ganz gleich, ob es ein Gedanke ist, ein
Bild, ein Gefühl, eine Erinnerung. Was ist ein Schatz, der an
mein Herz rührt? Wann wird es warm, hell, weit in mir? Ein
Mensch, der mir viel, vielleicht alles bedeutet? Eine Erinnerung, die mein Leben prägt? Mein neues Auto? Die Geburt
eines Kindes? Ein heiß ersehnter oder unerwarteter Erfolg?
Die Erfahrung neuen Lebens nach schwerer Krankheit? Etwas ganz anderes? Vielleicht ist es auch etwas, das mir eher
klein erscheint? Eine Urlaubserfahrung: auf einem Berggip-
fel zu stehen, am Meer den Sonnenuntergang zu erleben?
Ein Haustier: mein Hund oder meine Katze? Ein Bild, das
schon lange bei mir an der Wand hängt? Eine Fotografie?
Oder was auch immer …

Bei mir gibt es da so etwas Schlichtes wie eine Postkarte vom Meer, die ich einfach nicht wegwerfen kann, weil
ich das Meer und die wunderbaren Sonnenuntergänge, die
ich dort erlebt habe, spüren kann, wenn ich diese Karte an-
schaue. Und es darf gerne gelacht werden: Bei mir in meiner
Klosterzelle sitzt im Regal auch ein Steifftier. Es ist der kleine Teddybär, den meine Eltern direkt zu meiner Geburt ge-

kauft haben und der mich meine ganze Kindheit hindurch begleitet hat. Das ist für mich wirklich ein Schatz. Und dann hüte ich noch eine Karte, die mir eine Freundin zu meinem Eintritt ins Kloster vor inzwischen fast 40 Jahren geschrieben hat. Da steht drauf: „Gott gibt keine Sehnsucht, die er nicht bereit wäre zu erfüllen!" Auch das ist ein Schatz, der mir sehr viel bedeutet.

Vielleicht klingt das alles banal und allzu konkret. Denn wir neigen dazu, Werte als etwas Abstraktes zu verstehen, als ein „Man-muss", als das „Was-sich-gehört", als das „Wie-es-eigentlich-sein-sollte". Nein, so ist es, glaube ich, nicht. Echte Werte, Werte, die wirklich etwas bedeuten, die mein Leben tragen oder verändern, haben immer mit dem Schatz, mit meinen Schätzen zu tun. Da gibt es natürlich vieles, was uns anerzogen wurde: Sauberkeit, Ordnungsliebe, Höflichkeit, Fleiß, Pünktlichkeit, Ehrlichkeit … Und das ist ja alles auch gut und richtig. Das hilft uns, unser Leben zu gestalten, gut mit anderen zusammenzuarbeiten oder zu leben. Aber so richtig leuchten tun diese Werte nicht – zumindest bei mir nicht. Der Grad an „Leuchtkraft" ist aber der Indikator für meine Werte-Hierarchie. Es sind diese Leuchtkraft und die damit verbundene Leidenschaft und Lebendigkeit, die zeigen, wo und wie ich wachsen kann. Mich nur korrekt zu verhalten, ausschließlich meine Pflicht zu tun oder meine Rolle vorschriftsmäßig zu erfüllen, reicht in keinem Lebensentwurf aus, wenn dieser Frucht tragen soll.

Ich gebe einige Beispiele für solche Werte mit Leuchtkraft, die so nur für mich gelten. Werte sind immer etwas ganz Persönliches. Meine Postkarte vom Meer, die Sonnenuntergänge: Darin schwingen für mich Freiheit und Weite. Der Teddy aus meiner Kindheit: Da sind Geborgenheit, Gemeinschaft im Kreis meiner großen Familie, Freude, Lachen, Spiel. Und die Karte meiner Freundin zum Eintritt ins Kloster: „Gott gibt keine Sehnsucht, die er nicht bereit wäre zu erfüllen." Sehnsucht ist ein Wort, das bei mir sehr stark klingt. Die Werte dahinter sind für mich: Aufbruch, Weite, Wachstum, Glauben und Vertrauen, meine Berufung, mein ganz persönlicher Weg. Die Verheißung von Leben, Leben in Fülle. Grenzenlosigkeit und Unendlichkeit und – natürlich – dieses Du, diese Stimme, die mich ruft. Das sind für mich schon die ganz großen Werte!

Dieser Leuchtkraft, der Sehnsucht zu folgen, das ist die eine Spur. Die zweite Spur scheint zunächst diametral entgegengesetzt zu verlaufen. Das Bild von der Schatzsuche passt aber auch hier sehr gut. Eine Schatzsuche ist eine aufregende Sache, die längst nicht nur Kinder und Jugendliche zu faszinieren vermag. Schätze haben es so an sich, dass sie an seltsamen, unerwarteten, oft dunklen, ja gefährlichen Orten gefunden werden. Sie sind versteckt, müssen gesucht und mit viel Mühe gehoben werden. Wäre das nicht so, dann wären sie schon längst weg, hätte jemand anders sie vor uns gehoben. Ich habe im Laufe der Jahre gelernt, an einem solchen völlig unerwarteten Ort zu suchen, nämlich in meinem eigenen Jammern und Klagen.

Wir sind eine internationale Gemeinschaft und haben auch Klöster in Afrika, zwei in Uganda und eine Neugründung in Kenia. Im Frühjahr 2018 hatten wir Besuch von zwei afrikanischen Priorinnen. Am Ende ihres mehrwöchigen Aufenthaltes habe ich die beiden gefragt, was wir denn von ihnen lernen könnten. Da bekam ich zur Antwort: „Freude! Wir in Afrika haben viele Probleme, aber wir sind dabei immer fröhlich." Das hat mich berührt und auch beschämt. Wir hier in Deutschland neigen, fürchte ich, wirklich zum Jammern und Klagen. Und wir klagen dabei meist auf sehr hohem Niveau. Nicht dass es nicht gute Gründe zu berechtigter Kritik gäbe, aber als Grundhaltung raubt es so viel Energie.

Ich weiß nicht mehr, wann bei mir der Groschen gefallen ist, aber irgendwann habe ich verstanden: Im Jammern und Klagen, hinter meinen negativen und belastenden Gefühlen verstecken sich ebenfalls meine Werte. Sie liegen da wie ein verborgener Schatz. Denn auch mein Jammern und Klagen ist eine emotionale Spur der Sehnsucht, die mich zu meinen Schätzen führen kann. Wenn ich mein eigenes Mangelgefühl, Unzufriedenheit und Frust, meine Trauer, meine Enttäuschung oder meine Angst hinterfrage, anstatt sie nur ständig im Munde zu führen, dann kann ich darin entdecken, was für mich wirklich wichtig ist, was so wertvoll für mich ist, dass ich ohne dies nicht gut und zufrieden leben kann. Ich kann den Schatz zu heben versuchen in dem, was mich positiv berührt. Und ich kann das genauso in dem tun, was mich negativ berührt, mich aufregt, reizt oder mich antriggert. Der Vorgang ist derselbe. Nur sind es diesmal meine negativen Gefühle, denen es zu folgen gilt. Dies macht es mir so viel schwerer; denn diese Gefühle mag ich gar nicht, und ich will mich nicht gerne mit ihnen befassen. In meinem Ärger oder Frust den Schatz zu entdecken, das ist wie einen Schalter umlegen. Das kann ich üben. Am Anfang mag das – je nach Veranlagung und Gewohnheit – richtig schwierig sein. So ist das eben bei der Schatzsuche: Da müssen Schwierigkeiten überwunden werden. Keine Schatzsuche ohne Abenteuer, ohne Herausforderungen, ohne Risiko. Wenn wir aber die Mühe nicht scheuen, sondern bereit sind, in dieser Weise auf Schatzsuche zu gehen, wird auch der Mangel unseres Lebens zu einer Spur. Niemand macht sich auf den Weg, wenn sie oder er keinen Mangel, keine Sehnsucht erlebt und keine Perspektiven, keine Hoffnung, keine Träume hat. Es braucht beides.

Gefunden wird der Schatz dann oft tatsächlich an einem völlig unerwarteten Ort. Für manche Menschen und in manchen Situationen des Lebens bedeutet das, etwas ganz Neues zu beginnen, ganz woanders zu suchen, zum Beispiel in einem Kloster. Sehr häufig ist es aber so: Zu finden ist der Schatz, mein persönlicher Schatz, genau da, wo ich lebe, oft im ganz Kleinen, Alltäglichen. Finden kann ich ihn aber nur, wenn ich wirklich aufbreche, mich auf einen inneren Weg mache. Was allein schon das Reden über einen Schatz, über den Schatz, den wir suchen, so faszinierend, so leuchtend macht, ist, dass jeder echte Schatz ein Zugang, eine Tür ins Grenzenlose ist. Da strahlt ein noch viel größerer Schatz durch. Und da finde ich meinen Sinn, mein Ziel, meine tiefste Motivation, die Fruchtbarkeit meines Lebens. Es geht nur, wenn eine jede daran arbeitet, die Sehnsucht und diese ganz persönliche Suche lebendig zu halten. All dies rührt an eine tiefe Ebene bei jeder Einzelnen, die ich als Leitung nur fördern, aber nicht machen kann. Das Frucht-Tragen bleibt auch hier letztlich im Bereich der Unverfügbarkeit. Wenn ich nun von einigen Beispielen kollektiver Fruchtbarkeit und gemeinsamer mutiger Aufbrüche erzähle, ist darin viel dankbare Freude, aber kein Siegesgestus.

Matchball – Priorin in Afrika

Spontan hielt ich mich an der Tischkante fest und dachte: „Nein! O nein! Das Abenteuer lassen wir jetzt einfach einmal aus!" Gerade hatte mir mein Gesprächspartner mitgeteilt, ich solle zusätzlich die Leitung eines afrikanischen Klosters übernehmen, des Holy Trinity Monastery in Arua, Uganda. Das kam überraschend und das klang in meinen Ohren ziemlich absurd. Was war geschehen?

Wir sind ein lockerer Verband selbstständiger Klöster, auf nationaler Ebene zu Föderationen, auf internationaler Ebene zu einer Konföderation zusammengeschlossen. Eines unserer Klöster in Breda in den Niederlanden hatte in den 1960er-Jahren eine Gründung in Uganda in der Stadt Tororo gemacht. Als Idi Amin 1971 Staatsoberhaupt wurde, mussten die europäischen Schwestern ausreisen. Die junge Gemeinschaft war sich selbst überlassen und kam unter die Obhut des Ortsbischofs. Etwa 2005 entschlossen die Schwestern sich jedoch, zu ihrer ursprünglichen Spiritualität zurückzukehren, und fragten bei uns in Köln an, ob wir ihnen dabei helfen würden. Das Gründungskloster in den Niederlanden befand sich wegen Nachwuchsmangels bereits in Auflösung. Kurz darauf kam eine zweite Gemeinschaft in Arua, die von einem Comboni-Missionar 1960 gegründet worden war, ebenfalls auf uns zu, weil auch sie den Anschluss an unseren Weltverband suchte. Die anderen, ausschließlich europäischen Klöster in Frankreich, Italien, Polen, den Niederlanden und Deutschland waren für diese Entwicklung offen, und so begleitete unsere Kölner Gemeinschaft die beiden afrikanischen Klöster auf ihrem Weg. Besuche in beide Richtungen fanden statt: Schwestern aus Uganda lebten einige Zeit mit uns und unsere Schwester Theresia flog wiederholt nach Uganda, um den Schwestern dort eine Einführung in unsere Spiritualität zu geben.

Im März 2019 fand ein internationales Treffen in Köln statt, an dem auch die Priorinnen der beiden afrikanischen Klöster teilnahmen. Kurz darauf erhielt das Kloster in Tororo zunächst von der Versammlung und dann aus Rom die Zustimmung zur vollen Zugehörigkeit zu unserer Konföderation. Mit dem Kloster in Arua war es schwieriger, weil dieses zuvor noch kein Kloster des Benediktinerordens gewesen ist. Trotzdem stellten wir in Rom den Antrag und erhielten als Antwort eben diese Überraschung: Um ein Kloster unseres Ordens werden zu können, müsse sich dieses Kloster zunächst einem bereits bestehenden selbstständigen Kloster angliedern. Dieses Mutterkloster solle das neue Kloster dann in die Selbstständigkeit begleiten. Affiliation heißt dieser Vorgang, der eigentlich gerade neu entwickelt worden war, um überalterte Klöster bei der Auflösung zu begleiten. Eine unserer jungen Schwestern brachte es auf den Punkt, als sie fragte, ob Affiliation so etwas wie eine Adoption sei. „Ja", antwortete ich, „wir adoptieren jetzt eine fast erwachsene Tochter."

Abt Jeremias Schröder, Abtpräses der Kongregation von St. Ottilien (Missionsbenediktiner), hatte die Papiere unserer Versammlung nach Rom gebracht. Auch er war von der „römischen" Bedingung überrascht. Ich weiß schon gar nicht mehr, was ich am Telefon als Erstes sagte. Gedacht habe ich: „Das ist jetzt nicht dein Ernst!" Gefragt habe ich dann, was das genau bedeute, und sehr schnell verstanden, dass es durchaus so gemeint sei, ich solle mit allen Rechten und Pflichten Priorin dieses afrikanischen Klosters werden. Wie sollte das denn gehen? Und überhaupt, was sagen denn die Schwestern in Arua dazu? „Die haben im Kapitel schon abgestimmt und bitten offiziell darum", erhielt ich zur Antwort. Mit einem Seufzen stimmte ich zu, darüber nachzudenken. Wir vereinbarten kurzfristig ein Treffen am Münchner Hauptbahnhof und fanden ein ruhiges Plätzchen in der Nähe. So ließ ich mir noch einmal in Ruhe erklären, um was es ging. Ich verstand zu meiner Entlastung, dass ich mich in Zukunft nicht mit allen alltäglichen Belangen in Arua befassen müsse. Es würde eine Oberin vor Ort geben, die ich ernennen solle. Das Ganze wäre doch eher eine formale Angelegenheit und könne ja auch in einer kurzen Zeit abgewickelt werden. Ich blieb skeptisch und sagte am Ende zu Abt Jeremias: „Okay, aber du kommst nach Köln und fragst die Schwestern selbst." Denn zu entscheiden hatte nicht ich, sondern das Kapitel, in dem ich selbst ja kein Stimmrecht habe. Samstag nach Ostern 2019 fand das Treffen statt, an dessen Ende eine geheime Abstimmung im Kapitel durchgeführt wurde, deren Ergebnis ein einstimmiges Ja war. Sie fielen dabei tatsächlich, die Worte: *„No risk, no fun."* Und ich hatte keine andere Wahl, als über mich verfügen zu lassen.

Danach dauerte es bis August 2020, ehe die neue Situation durch ein römisches Dekret Wirklichkeit wurde. Am 5. August kam es bei mir an und machte mich mit Erhalt automatisch zur Priorin in Afrika. Sogleich mussten eine Fülle von Dingen erledigt werden, weil auch in diesem Fall in Arua alle Ämter mit meiner Einsetzung als Priorin erloschen. Natürlich habe ich alle in ihren Ämtern bestätigt und die bisherige Priorin als *„local prioress"* eingesetzt. Wenig später gab es ein fröhliches Treffen beider Gemeinschaften über Skype. Wir haben uns einander vorgestellt, gelacht, gesungen, gebetet. Nun waren wir über Nacht doppelt so viele Schwestern wie bisher, insgesamt 68. Natürlich wurden auch sogleich Reisepläne gemacht, die aber schnell der zweiten Coronawelle und dem langen Winterlockdown 2020/2021 zum Opfer fielen. Gerade eben gelang es uns noch, Schwester Mary Jacinta Okusaru, die seit Herbst 2018 mit uns lebte und soeben erfolgreich ihren Deutschkurs abgeschlossen hatte, auf Umwegen einen Rückflug in ihre Heimat zu ermöglichen.

Es dauerte nur wenige Wochen, bis ich merkte, dass ich mit meiner Befürchtung voll und ganz recht hatte. Es ging um sehr viel mehr als um eine eher formelle Leitung. Schnell zeigten sich auch in Arua erste Altlasten. Das kenne ich doch, dachte ich. Und nicht viel später zeigten sich ernste Probleme, deren Wurzeln teilweise Jahrzehnte zurücklagen. Aktuell hatte dies eine Leitungskrise ausgelöst, weil der zuständige Bischof die Amtsinhaberin, nämlich Schwester Jacinta, in einem Konflikt einige Jahre zuvor – als er noch direkt zuständig war – zum Rücktritt gezwungen hatte. „Halleluja! Wie um Himmels Willen kann ich von Deutschland aus als Europäerin solche Probleme in einem afrikanischen Kloster lösen helfen?", fragte ich mich, als die Situation zu eskalieren begann. Was nun folgte, wurde für mich zu einem Lehrstück in lösungsorientiertem Handeln, dessen Bedeutung meiner Meinung nach kaum hoch genug zu bewerten ist, und das mir noch einmal eine tiefere Sicht auf das Thema Leitung eröffnete.

Als der Corona-Lockdown anhielt, war ich zu dem Ergebnis gekommen, dass es keinen Sinn hat, länger mit den ersten konkreten Schritten der Transformation des Klosters in Arua in ein Benediktinerinnenkloster zu warten. Das können die auch ohne mich, dachte ich, und lud die Gemeinschaft in Arua ein, darüber nachzudenken, an welchem Datum sie alle die benediktinschen Gelübde ablegen wollten. Dies war der nächste wichtige Schritt auf dem Weg, und ich bat um eine Liste mit den Namen der Schwestern, die zuvor bereits ein Gelübde auf Lebenszeit in Arua abgelegt hatten. Nichtsahnend hatte ich mit dieser letzten simplen Frage in ein Hornissennest gestochen: Es gab zwei Schwestern, die mutmaßlich keine gültigen Gelübde abgelegt hatten. Alte Geschichten und Konflikte zeigten sich dahinter. Was tun? Ich ließ mir alle vorhandenen Papiere per Mail zuschicken und war danach noch ratloser. Dieses Knäuel widersprüchlicher Aussagen, wer sollte das entwirren? Wie kann ich mir unter den gegebenen Umständen eine einigermaßen zuverlässige eigene Sicht auf die Ereignisse und Probleme in Uganda verschaffen? Selbst hinfliegen und mit jeder einzelnen Schwester zu reden, schien die einzige Möglichkeit zu sein. Als ich mit Abt Jeremias darüber sprach, sagte ich spontan, dass ich schon sehr zufrieden wäre, wenn es mir gelänge, keinen weiteren Schaden zu verursachen. „Das ist eine gute Einstellung", erhielt ich zur Antwort, und wir überlegten, wer vor Ort in Uganda an meiner Stelle hinfahren könne, um mir dann Bericht zu erstatten. Ich merkte, dass irgendetwas in mir zögerte: „Da haben schon viel zu viele mitgemischt", äußerte ich meine Bedenken.

Lange dachte ich nach und sprach dann mit meinem Kapitel, bei dem ja das Recht lag, die afrikanischen Schwestern zu den benediktinischen Gelübden zuzulassen. Meinem Vorschlag wurde nach einem ausführlichen Austausch einhellig zugestimmt. Ich würde den Schwestern in Arua drei Möglichkeiten vorlegen, unter denen sie wählen könnten:

1. Wenn das Kapitel in Arua beschließt, dass alle Schwestern die Gelübde ablegen sollen, würden wir dem zustimmen, auch wenn dies eine ziemlich kreative Interpretation der vorliegenden Papiere bedeutete. Aber wir würden dann wissen, dass die alten Geschichten keine ernsthafte Belastung für die Gegenwart sind, sondern eben nur alte Geschichten.

2. Wir erteilen die Zulassung für die Schwestern, bei denen alles klar ist, und die beiden, bei denen es Pro-

bleme gibt, warten bis zur Klärung ab. In diesem Fall würden wir wissen, dass die alten Probleme aktuell noch wirksam sind.

3. Alle warten, bis die beiden offenen Fälle geklärt sind. Daran würden wir merken, was jetzt die Priorität hat: bald die Gelübde abzulegen und mit dem Transformationsprozess weiterzukommen oder das Bedürfnis nach Klärung und Gemeinsamkeit.

Unverzüglich wählte die Gemeinschaft in Arua die Möglichkeit zwei, und am 11. Juli 2021 legten die ersten fünfzehn Schwestern ihre Gelübde ab, am 29. August alle übrigen.

Der Vorgang wurde für mich zu einem Lehrstück. Denn unmittelbar danach löste sich der eine langjährige Problemfall dadurch, dass die betroffene Schwester von sich aus in das Kloster zurückkehrte, zu dem sie eigentlich gehörte. Damit hatte sich dieser Knoten gelöst. Die Situation der zweiten Schwester konnte nun leicht geklärt werden. Sie legte ihre Gelübde nur wenige Wochen später ab. Zugleich zeigte sich hinter diesen Problemen die vermutete Leitungskrise, für die nun dringend eine Lösung gefunden werden musste. Ich verstand, dass uns die richtige Frage zur richtigen Zeit viel weitergebracht hatte, als es eine gefällte Entscheidung meinerseits je hätte tun können – selbst wenn ich vor Ort gewesen wäre. Mit der richtigen Frage hatte ich den Matchball verwandelt, einen Aufschlag gemacht, der das Spiel veränderte. Die angebotene Wahlmöglichkeit löste eine Klärung von innen heraus aus. Ein Besuch von mir oder wem auch immer hätte das nie erreichen können. Der Corona-Lockdown hatte mich davor bewahrt, in die Falle zu laufen und zu glauben, dass ich irgendetwas hätte lösen können. Noch klarer als zuvor verstand ich, dass Moderation Leitung ist und Leitung Moderation, selbst auf Tausende von Kilometern Entfernung in einer anderen Kultur.

Eine weitere Frage hatte ich nach Arua geschickt: Wer sollte statt meiner die Rolle der Priorin bei der Ablegung der Gelübde übernehmen? Meine einzige Bedingung war, dass es eine Oberin oder ein Oberer aus einem benediktinischen Kloster sein sollte. So lernte ich den Trappistenabt John Bosco Kamali OCSO aus der Abtei Our Lady of Victoria kennen, der den Schwestern in Arua schon länger verbunden war. Völlig verblüfft war ich, als dieser von mir eine schriftliche, formelle Delegation erbat. Da ich die offizielle Priorin bin, wollte er von mir eine offizielle Beauftragung, und ebenfalls, als er einige Wochen später auf mein Bitten hin ein zweites Mal zu einem *„friendly visit"* zwecks Klärung der Leitungsfrage und weiterer Fragen nach Arua fuhr. Ich bin mir nicht sicher, ob es in Deutschland einen Abt oder Bischof gibt, der sich von mir in dieser Weise eine Delegation gewünscht hätte. Die meisten hätten sich wohl aufgrund ihres Klerikerstandes für ausreichend befugt gehalten. Das hat mich sehr beeindruckt: eine Begegnung auf Augenhöhe zwischen einem afrikanischen Mönch, Priester und Abt und einer europäischen Nonne und Priorin. Es geht doch! Und es geht sehr gut. Es war eine der besten und tiefsten Erfahrungen von Zusammenarbeit, ja von Geistesverwandtschaft, die ich je gemacht habe.

Auf dem Weg zu einer Konsenskultur

Während ich an meinem Schreibtisch sitze und dies schreibe, wählen die Schwestern in Afrika gerade eine neue Priorin. Es ist der 31. August 2021. Mein Handy liegt neben mir, damit ich jederzeit erreichbar bin; denn ich muss diese Wahl bestätigen. Genaugenommen wird die „Lokal-Priorin" ja auch gar nicht gewählt, sondern von mir ernannt. Ich bin da in meiner Entscheidung ganz frei. Aber ich habe die Schwestern in Uganda um eine Beratende Wahl gebeten. Sie sind die Expertinnen ihrer Gemeinschaft und ihrer Zukunft. Und ich habe mich vorab bedingungslos an ihr Votum gebunden. Wen sie auch wählen mögen, ich werde diese Schwester ernennen, ob die Wahl nun meinen Vorstellungen, wer geeignet ist, entspricht oder nicht. An dieser Erfahrung der „Fern-Leitung" in Afrika lerne ich noch einmal viel darüber, was Leiten auf Augenhöhe bedeutet.

Auch für Arua bin ich die Impulsgeberin in allen Fragen und Themen, die über die alltägliche Routine hinausgehen. Und das sozusagen mit verbundenen Augen. Ein Bild aus *Star Wars* drängt sich mir auf: Der junge Jedi Luke Skywalker übt blind die Abwehr von Geschossen aus einem Übungsgerät mit Hilfe des Lichtschwertes während eines Flugs auf dem Millenium Falken. Treffen, ohne zu sehen, wie kann das gehen? Eins ist klar: Luke Skywalker muss sich in anderer Weise fokussieren als über die Augen. Natürlich spielt dabei Intuition eine große Rolle. Aber ist das alles? Mut, Achtsamkeit und Präzision sind gefragt, und genau die brauche ich jetzt auch. Ein wildes Herumfuchteln oder Um-mich-Schlagen wäre auf jeden Fall kontraproduktiv. Obwohl genau dieser Impuls in einer solchen Situation ganz normal ist. Wenn ich nicht sehen kann, woher die Bedrohung kommt, ist es nur natürlich zu versuchen, sie auf der ganzen Fläche abzuwehren. Und wenn ich kein Schild oder sonst eine Form der Deckung habe, dann eben, indem ich um mich schlage. Diese Strategie ist bei überforderten Leitungen recht häufig zu beobachten.

Ich kann meinem Leitungsauftrag in Afrika aber nur gerecht werden, wenn ich genau anders herum vorgehe: Ich muss die Angst vor dem Kontrollverlust loslassen. Ja mehr noch: Ich muss die Kontrolle ganz aufgeben. Kann und darf ich als Leitung das denn überhaupt tun? Ist das nicht verantwortungslos? Da die Coronapandemie mich zwingt, jeden Gedanken daran aufzugeben, ich könnte mir selbst ein auch nur halbwegs realistisches Bild machen, kippt bei mir irgendwann ein Schalter um. Eine längst gewonnene Einsicht wird in einer neuen, viel radikaleren Weise konkret. Jeder Versuch von mir, durch Sehen und Verstehen die Situation kontrollieren zu wollen, wäre verantwortungslos. Denn alles, was ich sehen kann, sind nur kleine Ausschnitte der Wirklichkeit, und die zumeist auch nur mittelbar durch die Augen anderer Menschen, die ich kaum oder gar nicht kenne. Das muss zu Fehlurteilen führen. Also muss ich mir zunächst meine Blindheit eingestehen und den Versuch, zu bewerten und zu beurteilen, ganz aufgeben. Ich lasse also der Gemeinschafft in Afrika volle Entscheidungsfreiheit und beschränke mich darauf, ihnen mithilfe von Fragen Impulse zur eigenen Klärung zu geben.

Ich versuche, mich auf die Kristallisationspunkte des Prozesses zu fokussieren. Wo ist das Ziel? Welche Entscheidungen müssen getroffen werden, um es zu erreichen? Weniger ist dabei mehr. Es dürfen zwar viele Fragen meinerseits sein, aber nur wenige Impulse. Es braucht die Reduktion, weil jedes Signal in meiner Rolle als Leitung durch die Entfernung eine verstärkte Wirkung hat. Jeder Aufschlag, den ich als Entscheidungsträgerin mache, muss sofort sitzen, seinem Ziel entsprechen. Geht er ins Leere, richtet er mehr Schaden oder zumindest mehr Verwirrung an, als wenn ich gar nichts getan hätte. Gar nichts tun, die Dinge einfach laufen lassen, geht aber auch nicht. Ohne meinen Impuls kann die Entwicklung nicht weitergehen, muss sie stagnieren, weil niemand anders etwas Offizielles tun kann. Der Prozess kann dann nicht in geordneten Bahnen verlaufen.

Inzwischen ist das Wahlergebnis aus Uganda da. Die Nachricht vom Wahlleiter Abt John Bosco kam über Whats-App mit den Worten: *„Breaking news: Sister Mary Jacinta has been elected. Details in a moment."* Wir leben im 21. Jahrhundert. Die Schwestern haben meine Wunschkandidatin gewählt, die Schwester, von der ich glaube, dass sie mit Abstand die besten Voraussetzungen für dieses Leitungsamt mitbringt. Ich bin erleichtert über dieses Ergebnis, das zustande gekommen ist, obwohl ich keinerlei Empfehlung gegeben und jede Einmischung vermieden habe. Aber ich war innerlich ganz präsent, habe mitgewartet und mitgefiebert. Nun bin ich erschöpft vom Halten der Energie. Stillhalten und Loslassen kostet auch Kraft. Mit Freude schreibe ich den offiziellen Ernennungsbrief. Ich hätte ihn, meinem Versprechen folgend, aber auch für jede andere Schwester geschrieben, selbst dann, wenn ich überzeugt gewesen wäre, dass das schiefgehen muss. Warum? Weil meine Erfahrung mich lehrt, dass eine solche Gemeinschaft einen sicheren, wenn auch meist unbewussten Instinkt dafür hat, was die bestmögliche reale Lösung ist. Das kann durchaus bedeuten, dass der nächste Schritt in einem Scheitern besteht, aus dem dann weitere tragfähige Lösungen erwachsen müssen und können. Solche Umwege sind manchmal unvermeidbar.

Die Frage nach der Logik des Misslingens ist hier besonders relevant. Einmischung kann auch bei bester Absicht fatale Folgen haben. Ich denke an die Tragödie in Afghanistan. Wäre es besser gewesen, „der Westen" hätte sich dort nicht eingemischt? Natürlich war die „Hilfe" keineswegs selbstlos, obwohl es zweifellos viele selbstlose Helfer gab. Wie konnte das Ganze so entsetzlich schiefgehen? Warum sind die angebotenen Werte von Freiheit und Demokratie, von Gleichberechtigung und einem höheren Lebensstandard so wenig tragfähig rezipiert worden? Weil es eine andere Kultur ist? Waren unsere Motive lauter genug? Kann eine solche Hilfe zur Selbsthilfe überhaupt hilfreich sein? Nach unseren Werten und Idealen?

Bei der Entscheidungsfindung in Arua habe ich das Glück, mit einem bemerkenswert lauteren Menschen vor Ort zusammenarbeiten zu können. Abt John Bosco bringt überzeugend zum Ausdruck, was leider allzu oft nur als Alibi gesagt wird: Er versteht sein Amt als Dienst, nicht als Privileg – _„service, not a privilege"_. Auf der Homepage seines Klosters lese ich einen Motto-Satz von ihm: _„Every choice has some suffering aspect in it, but once you have chosen you become free."_[29] – „Jede Wahl hat irgendeinen Aspekt des Leidens in sich, aber wenn du einmal gewählt hast, wirst du frei." Das berührt mich tief, umso mehr, als es durch leidvolle Lebenserfahrungen gedeckt ist. Abt John Boscos Eltern kommen aus Ruanda. Er wurde als Mitglied des Tutsi-Stammes im Kongo geboren und hat mit seinem Stamm ethnische Konflikte bis hin zum Völkermord erlebt. Wie durch ein Wunder überlebt er: _„The events helped me to realize how life is precious and how God protects even if you least expect it."_ – „Die Ereignisse halfen mir zu realisieren, wie kostbar Leben ist und wie Gott beschützt, auch wenn du es am wenigsten erwartest." Je klarer der Spiegel, desto besser hilft er mir zu sehen.

Zurück nach Köln: Wenn die Spiegel klar und einfach werden, wandelt sich das Spiegelkabinett von der Horrorshow zum Raum des gemeinsamen Erkennens. Im Team können wir ein Thema, ein Problem von allen Seiten betrachten, wenn wir unsere je eigenen Verzerrungen verstanden und überwunden haben oder sie wenigstens mit einkalkulieren und unser Bild so korrigieren können. Das Spiegelkabinett wird nach und nach zu meinem Lieblingsbild für den gemeinsamen Prozess, ja geradezu zur Institution der gemeinsamen Entscheidungsfindung. In vielen gemeinsamen Suchbewegungen, Gesprächen, Sitzungen entsteht etwas, das über die gängigen Formen demokratischer Entscheidungsprozesse weit hinausgeht.

Dies bringt mich zum Nachdenken. Hat die Krise der Demokratie möglicherweise auch damit zu tun, dass das System an seine Grenzen kommt? Nein, ich flirte keineswegs mit autoritativen, hierarchischen Modellen. Die haben meiner Meinung nach vollends ausgedient, auch wenn sie in weiten Teilen der Welt noch bedrängende Wirklichkeit für zahllose Menschen sind. Ich träume davon, einen Schritt weiterzugehen. Worin könnte der bestehen? Demokratische Systeme sind entstanden, um Beteiligung zu ermöglichen und Machtmissbrauch zu verhindern. Der Freiheitsgedanke, das Selbstbestimmungsrecht des Menschen und eine gerechte Ressourcenverteilung spielen dabei unter anderem eine Rolle. Erfüllen unsere Demokratien wirklich diese Zwecke? Oder hat vielleicht die Demokratiemüdigkeit vieler Menschen damit zu tun, dass sie eben genau dies subjektiv nicht erleben?

Gerade ist Wahlkampf, die Bundestagswahl steht an, die diesmal auf jeden Fall einen Wechsel im Amt der Kanzlerin, des Kanzlers mit sich bringen wird. Was in den Medien berichtet wird, hat wenig mit klaren und sich unterscheidenden Inhalten zu tun, sondern ist eher eine „Personality-Show", die auf mich oft genug auch peinlich wirkt. Hier wird mit allen Mittel der Selbstdarstellung und der Verunglimpfung des Gegners versucht zu siegen, um Macht zu erlangen. Da zeigen sich die kämpferischen, polarisierenden Seiten der Demokratie. Was in Deutschland eher wie Clownerie wirkt, führte Monate zuvor in den USA zur Gewalt und grenzte schon an Kriegsführung. Parteien, die eigentlich dem Erhalt der Freiheit und Gerechtigkeit als Werte des demokratischen Systems dienen sollten, opfern bereitwillig diese Werte, um den Machterhalt der eigenen Partei zu sichern. Ist das noch Demokratie? Oder anders gefragt: Kann Demokratie so ihren Daseinszweck erfüllen? Die Mechanismen von Machtgewinn und Machterhalt spielen auch in funktionierenden demokratischen Systemen eine, wenn nicht die zentrale Rolle. Das gilt auch für alle Formen kämpferischer oder gar aggressiver Opposition. Gibt es nichts darüber hinaus? Können wir uns denn keine Welt vorstellen, in der ganz auf diese Art von Macht und Herrschaft verzichtet wird? In der die Werte des Zusammenhalts, der Integration, der Einbeziehung aller (nicht nur der Mehrheit) an oberster Stelle stehen? Könnte nicht wenigstens im Kleinen – in Gruppen, Gemeinschaften, Vereinen, Organisationen – gelingen, was für Staatsgefüge noch undenkbar ist?

Es geht um die Suche nach dem Konsens. Wir sind als Gemeinschaft stark konsensbedürftig und haben – zunächst ohne dies groß zu reflektieren – eine Kultur der Konsensentscheidung entwickelt. Bei einfachen Alltags- oder Sachfragen wird abgestimmt; da reicht das Mehrheitsprinzip. Je existenzieller das Thema aber für alle ist, desto wichtiger wird für uns der Konsens. Wir nutzen unser Spiegelkabinett, um das Problem von allen Seiten gründlich zu betrachten, alle Aspekte einzubeziehen. Und dann ringen wir so lange, bis wir dem Konsens so nahe wie möglich kommen.

Immer öfter finden wir ihn auch. Diese Erfahrung hat uns als Gemeinschaft durch das vergangene Jahr begleitet, in dem es um einen weiteren existenziellen Aufbruch ging, von dem ich nun erzählen möchte. Wir hatten in dieser Zeit eine ausgezeichnete externe Beratung und Moderation und sind dankbar dafür – und haben zugleich die Erfahrung gemacht und reflektiert: Wir sind als Gruppe alleine noch effektiver und sehr zufrieden mit der eigenen Dynamik. Das macht mir viel Mut für die Zukunft!

Neugründung

Anfang der 90er-Jahre war unser Kloster voll. Reichlich Nachwuchs und eine starke alte Generation füllten das Haus und erzeugten bereits ein Gefühl der Überfülle und Enge. Dies brachte mich ins Träumen: Wie wäre es mit einem neuen Kloster? In dieser Zeit lernte ich Mutter Waldetrudis Cartalla OSB (1935–2017) kennen. Ich sollte sie am Kölner Hauptbahnhof abholen, und wir verstanden uns sofort. Was für ein schrecklicher Name für eine Philippina, dachte ich. Mutter Waldetrudis war Generaloberin einer ursprünglich deutschen Gründung auf den Philippinen, aus der sich unter ihrer Leitung eine lebendige Kongregation mit vielen Niederlassungen entwickelte. Sie war ihrem Naturell nach Gründerin. Ich vertraute ihr meinen Traum von einer Neugründung an, und sie antwortete spontan, dass sie mir so etwas zutrauen würde. Als ich Anfang 1990 für ein Jahr als Hilfe zum Aufbau eines neuen Noviziates nach Osnabrück ging zu unseren Schwestern, bei denen nach 28 Jahren ohne Zuwachs gerade zwei junge Frauen eintraten, schrieb Mutter Waldetrudis mir eine Karte, die ich bis heute als einen kostbaren Schatz hüte und auf der steht:

> „We have an almighty father in heaven. Trust him and you will experience miracles.
> Dear Sister Emmanuela,
> Greetings of Peace for the New Year! Many thanks, dear Sister, for your short note, your greetings and prayers which I value very much. Congratulations for your new work! The Lord has given you talent to help people on their journey to come home to one another's heart. I know you will succeed because the Lord walks with you. I keep you in my prayer and the community you are with now. May the Lord give you much joy and love that others may see the face of God in you. Continue to pray for me, please!
> Love and prayer, M. Waldetrudis"[30]

Anfang der 90er-Jahre war es sicher die richtige Entscheidung, für Hilfsaktionen in anderen Klöstern zur Verfügung zu stehen. Angesichts des Fehlens einer tragfähigen mittleren Generation war das auch eine gute Lösung für den Überschuss an Schwestern und Energie im eigenen Kloster. Jahrzehnte gingen ins Land. Unsere Gemeinschaft schrumpfte, weil die alte Generation wegstarb und auch aus der neuen Generation einige weggingen. Es galt Krisen zu bestehen und daran zu reifen. Völlig gegen den Trend begann unsere Gemeinschaft seit 2011 wieder zu wachsen, sodass sich spätestens 2020 erneut ein Gefühl der Überfüllung und Enge breitmacht. Und vor allem das Gefühl, dass das Haus vor Energie bebt. Manchmal denke ich, gleich fliegt hier das Dach runter … Im Frühjahr 2020 haben wir insgesamt elf

Schwestern, die sich noch in der Ausbildung beziehungs-weise der Probezeit befinden. Es fehlt an Arbeitsplätzen, da beide traditionellen klösterlichen Betriebe, Hostienbäckerei und Paramentenstickerei, geschlossen werden mussten. Bei-de Bereiche finden angesichts der schnell schrumpfenden Kirche keinen Absatz mehr, was mit Beginn der Coronakri-se noch einmal dramatisch schlechter geworden ist.

Wenige Tage nach dem Dekret aus Rom, das mich zur Priorin in Uganda machte, erhalte ich einen Anruf aus dem Bischofsvikariat für die Orden des Erzbistums Köln: Der Herr Weihbischof wolle mich sprechen. Am 11. August führen wir ein gutes und offenes Gespräch. Dabei geht es um die Frage, ob wir uns die Neugründung eines weiteren Klosters vorstellen könnten. Ein konkreter Ort kommt ins Spiel. Als meine erste Recherche zeigt, dass das sehr gut zu uns passen könnte, fahre ich hin. Ja, das könnte etwas sein! Und nun? Wie weiter vorgehen? In Afrika ging es um die Adoption einer fast erwachsenen Tochter, jetzt geht es um das eigene Baby. Das ist etwas ganz anderes.

Zusammen mit dem Rat überlege ich, was zu tun ist. Wir starten einen moderierten Gesprächsprozess, für den sich die Gemeinschaft die Moderatorin unter drei Frauen, die sich im Oktober vorstellen kommen, aussuchen darf. Auch bitte ich Abtpräses Jeremias Schröder, uns an seiner weltweiten Erfahrung zum Thema Neugründung teilha-ben zu lassen, was sehr hilfreich ist. Im Januar 2021 geht es dann richtig los. Am 2. Februar ist die Grundentscheidung in geheimer Abstimmung bereits gefallen: Einstimmig ent-schließt sich unsere Gemeinschaft, die Neugründung zu wagen. Die noch nicht stimmberechtigten Mitglieder dür-fen auf Stimmzetteln in einer eigenen Farbe mitabstimmen. Auch sie stimmen ausnahmslos der Entscheidung zu. In den

Wochen danach versuchen wir unsere Grundentscheidung mit Leben zu füllen.

Wir sind in diesen Wochen so beschäftigt, dass wir den langen Winterlockdown fast vergessen, bis uns Mitte Februar das Coronavirus, die „Britische Variante", einholt. Sie überrollt uns so schnell, dass wir gar nicht sagen können, bei wem es angefangen hat. Aus dem Kloster wird ein Lazarett. Das Gesundheitsamt reagiert alarmiert und mit hohem Personalaufwand: „Clusterausbruch". Man bietet uns an, dass alle Risikopatientinnen eine Antikörpertherapie erhalten sollen, von der Gesundheitsminister Spahn erst im Januar 200.000 Dosen für insgesamt 400 Millionen Euro in den USA eingekauft hat. Wir gehören zu den Versuchskaninchen. Die Therapie wirkt, keine Schwester stirbt an Corona, ja, es braucht noch nicht einmal eine Schwester deshalb ins Krankenhaus. Ich bin zutiefst dankbar, aber durch das Virus auch wochenlang erschöpft. Als wir am 24. April wieder weitermachen können, habe ich unserer Gemeinschaft noch zu einem weiteren wichtigen Thema etwas zu sagen:

„Wir sind nun – trotz der Unterbrechung durch Corona – in unserem Gesprächsprozess bereits einen weiten Weg gegangen, haben Weichen gestellt, Entscheidungen getroffen. Das erfüllt mich mit großer Dankbarkeit, und ich möchte euch allen für euer Mittun und Mitgehen danken. Heute möchte ich ein Thema in den Blick nehmen, an das einige von euch vielleicht schon gedacht haben, andere aber noch nicht, das auch nicht ursächlich mit unserer Suchbewegung zusammenhängt, aber doch ein wichtiges Thema für jede Gemeinschaft ist. Nächstes Jahr endet meine zweite Amtszeit als Priorin, und es steht am 2. Juli 2022 die turnusmäßige Priorinnenwahl an. Das ist für eine Gemeinschaft immer ein wichtiger Schritt. Und es ist auch ganz normal, dass dem eine Zeit des Fragens und Suchens und auch der Unsicherheit und der Spannung vorausgeht – mal mehr und mal weniger.

Außergewöhnlich ist dieses Mal, dass wir viele Schwestern haben, für die diese Situation neu ist. Zwanzig Schwestern haben hier noch keinen Leitungswechsel erlebt. Allein das ist ein guter Grund, beizeiten einmal unseren Blick auf diese Situation zu werfen und miteinander zu schauen, wie wir darauf zugehen wollen. Nun kommt hinzu, dass wir uns entschlossen haben, den Versuch zu wagen, ein zweites Haus zu übernehmen und so ein neues Kloster zu gründen. Das ist eine ganz neue Situation für uns alle, und wenn alles klappt, wird dies ziemlich gleichzeitig mit der Priorinnenwahl stattfinden, nämlich ab etwa Mai/Juni 2022. Ja, und Arua gibt es auch noch. Es sieht aktuell nicht so aus, als ob es möglich wäre, Arua bis zum Sommer 2022 in die Selbstständigkeit zu entlassen. Das ist eine völlig neue Situation in der Geschichte unseres Klosters; denn die Schwester, die am 2. Juli 2022 zur Priorin gewählt wird, übernimmt automatisch die volle Verantwortung für drei Klöster, nicht nur für eines.

So weit die allgemeine Situation, mit der ich eigentlich überhaupt nichts Neues sage, sondern nur die Fakten, die offen auf dem Tisch liegen, zusammentrage. Weniger offensichtlich ist, was dazu in meinem Kopf vorgeht. Dazu muss ich ein wenig ausholen. Als ich 2011 das erste Mal als Priorin an einer Versammlung der Deutschen Ordensobernkonferenz (DOK) teilnahm, der etwa 400 sogenannte höhere Ordensobere, Männer und Frauen, angehören, erfuhr ich, dass in den meisten Gemeinschaften nach zwei Amtszeiten ein Wechsel in der Leitung vorgeschrieben ist. Dazu heißt es im Kirchenrecht: ‚Das Eigenrecht hat durch geeignete Bestimmungen dafür zu sorgen, dass die Oberen, die für eine bestimmte Zeit eingesetzt sind, nicht allzu lange ohne Unterbrechung in Leitungsämtern verbleiben.‘ (CIC 1983, can. 620 § 2) Das ist derzeit so aktuell wie wohl noch selten in der Kirchengeschichte. Für die Orden ist genau das verpflichtend vorgesehen, was bei den Bischöfen unvorstellbar erscheint, nämlich dass die Oberen von allen auf Zeit gewählt werden. Ich fand diese Vorschrift des Kirchenrechtes für die Orden sofort überzeugend und zukunftsweisend. Und ich versuche einmal zu erklären, warum.

Jeder Mensch bringt in seine Aufgabe sich selbst als Person ein. Jeder Mensch hat dabei Gaben und Schwächen. Jeder Mensch hat auch blinde Flecken. Dass die Schwächen eines Menschen in einer Leitungsposition zu Problemen führen, braucht nicht erklärt zu werden. Aber auch die Gaben führen über eine lange Zeit zu Problemen. Sie führen nämlich mit der Zeit zwangsläufig zu Einseitigkeiten.

Es ist ganz normal, dass jemand, der eine Leitungsaufgabe neu übernimmt, zunächst hineinwachsen muss. Mein Bild gleich zu Beginn meiner ersten Amtszeit war das eines Bogens. Zunächst gibt es da einen Aufstieg: ‚Neue Besen kehren gut‘ – sagt das Sprichwort. Wenn es gut geht in dieser Phase, führt das zu Aha-Erlebnissen auf beiden Seiten, während gleichzeitig die Unerfahrenheit normalerweise auch zu Problemen führt. Irgendwann ist der Höhepunkt dieses Bogens erreicht. Ich gebe dann das, was ich von meinen Gaben und meiner Persön-

lichkeit her zu geben vermag. Ich habe meinen Stil entwickelt. Es sind jetzt nur noch kleinere Veränderungen
und Entwicklungen zu erwarten. Ab da fängt der Bogen
an, sich zu senken und sich zu schließen. Dabei zeigen
nach und nach auch die Stärken ihre Schattenseiten, einfach weil wir immer beschränkt und einseitig sind. Dieser Prozess ist gerade gut bei unserer Bundeskanzlerin
zu merken, die ich für eine der besten Leitungen halte,
die unser Land je gehabt hat. Dennoch finde ich es richtig
und hohe Zeit, dass sie aufhört.

All diese Überlegungen waren bei mir schon früh in
meiner ersten Amtszeit da. Und ich war schon vor meiner Wiederwahl 2016 fest entschlossen: Diese Amtszeit
noch und dann ist Schluss. Mein Plan war, mir bis zum
Jahreswechsel 2021/2022 Zeit zu lassen für eine klare
Entscheidung und euch diese dann einfach mitzuteilen.
Nun ist durch unsere Suchbewegung und die Pläne für
die Neugründung eine neue Situation entstanden. Und
so habe ich mich entschieden, euch jetzt schon zu sagen,
was mich da bewegt.

Es ist immer noch mein Wunsch, meinen Dienst als
Priorin dieses Klosters nach zwölf Jahren zu beenden.
Nicht, weil ich keine Lust mehr hätte, und schon gar
nicht, weil mir diese Gemeinschaft nicht am Herzen läge.
Ihr alle und der weitere Weg dieser Gemeinschaft haben
bei mir höchste Priorität. Ich bin auch nicht amtsmüde,
tatsächlich schaffe ich heute ein Pensum und eine Vielfalt
von Themen, die mich 2010 noch schlicht umgeworfen
hätten. Aber ich merke sehr wohl, dass der Höhepunkt
des beschriebenen Bogens erreicht ist und dass es bald
Zeit für etwas Neues sein wird.

Auch wenn die Entscheidung, ob ich für eine dritte Amtszeit als Priorin zur Verfügung stehe, letztlich meine ist, möchte ich euch frühzeitig die Möglichkeit geben, eure Sicht dazu zu tun. Denn es betrifft neben der allgemeinen Leitungsfrage auch noch unsere Neugründung direkt. Weil es so ist, wie ich gerade gesagt habe, sehe ich mich ab Sommer 2022 nämlich eher in unserem neuen Kloster als in Köln – egal in welcher Rolle."

Aufbruchsstimmung macht sich in mir breit. Jetzt wird es geradezu kitschig, denke ich. Aber wie ein Mantra geht mir Rainer Maria Rilkes berühmtes Gedicht nicht mehr aus dem Kopf:

„Ich lebe mein Leben in wachsenden Ringen,
die sich über die Dinge ziehn.
Ich werde den letzten vielleicht nicht vollbringen,
aber versuchen will ich ihn.
Ich kreise um Gott, um den uralten Turm,
und ich kreise jahrtausendelang;
und ich weiß noch nicht: Bin ich ein Falke, ein Sturm
oder ein großer Gesang."[31]

An einem sonnigen Augusttag mit tiefblauem Himmel schickt Thomas Frings mir eine Nachricht über WhatsApp. Sie enthält ein Foto und ein grinsendes Emoji sowie den Text:

„Das ist doch mal eine Vision – den Schriftzug setzte heute Mittag ein Flugzeug über dem Klostergarten in den Himmel:

NO RISK, NO STORY."

Danksagung

Nicht nur beim Schreiben dieses Buches, sondern vor allem in meiner Praxis als Leitung durfte und darf ich erfahren, wie sehr ich vom professionellen Know-how im Bereich Kommunikation und Beratung profitiere. So gilt mein besonderer Dank Prof. Dr. Ingmar Maurer und dem Dozententeam von MAXO an der FH Frankfurt; eigens genannt seien Eberhard Stahl und Prof. Dr. Friedrich Glasl. Außerdem danke ich Theo Strauch, Annette Haardt-Becker und Ulla Stollenwerk für ihre empathische, kreative und stets professionelle Begleitung auf meinem Weg als Leitung.

Simon Biallowons vom Verlag Herder danke ich für die Inspiration zu diesem Buch, in dem ich einfach die Geschichte aufgeschrieben habe, in der ich lebe. Die Frage, ob ich nicht ein Buch zum Thema Leitung schreiben könne, wirkte wie ein Trigger auf mich, und das Buch war in wenigen Wochen geschrieben.

Anmerkungen

1 https://www.diepresse.com/580262/drei-meter-langes-krokodil-in-frankfurt-entkommen; 27.4.2021.

2 Aller guten Dinge sind drei. Musik & Text: Reinhard Mey, © by edition reinhard mey GmbH.

3 *Die Benediktsregel*, zit. nach: http://benediktiner.benediktiner.de/index.php/die-ordensregel-des-hl-benedikt/regula-prolog.html; 24.10.2021.

4 Vgl. z. B. *Die Äbtissin*: https://www.zdf.de/dokumentation/dokumentation-sonstige/die-aebtissin-eine-frau-kaempft-um-die-macht-in-der-100.html; 24.10.2021.

5 Vgl. Joanne K. Rowling, *Harry Potter und der Stein der Weisen*, Hamburg 1998.

6 Vgl. Friedemann Schulz von Thun, *Miteinander reden. 1. Störungen und Klärungen*, Reinbek 1997, S. 58 ff.

7 Z. B. Friedrich Glasl, *Konflikt und Katharsis*, Stuttgart ²2008, S. 38–42.

8 Bonaventura, *Legenda sancti Francisci maior* III, 10, zit. in: http://wwwg.uni-klu.ac.at/kultdoku/kataloge/10/html/937.htm; 24.10.2021.

9 Vgl. z. B.: http://www.jenskulle.de/jens/pdf/politik/dreidimen.pdf, 24.10.2021.

10 Oswald Neuberger, zit. in: https://margritegner.ch/sites/default/files/laudatio_fuer_professor_oswald-neuenberger.pdf, S. 15.

11 Oswald Neuberger, *Mikropolitik und Moral in Organisationen. Herausforderung der Ordnung*, Stuttgart ²2006, S. III.

12 Erich Fromm, *Psychoanalyse und Religion*, Neuausgabe, München 2018, S. 19.

13 Die Welt, 6.1.2014, https://www.welt.de/politik/ausland/article123612151/Seid-klug-wie-Schlangen-und-arglos-wie-Tauben.html; 24.10.2021.

14 Eberhard Stahl, *Dynamik in Gruppen. Handbuch der Gruppenleitung*, Weinheim ⁴2017, S. 42; Stahl empfiehlt, diese oft unbewussten, immer aber unausgesprochenen Regeln in einen „Gruppenvertrag" zu fassen, der dann für sein Beispiel eines Streichquartetts folgendermaßen aussieht:

„§ 1: Man siezt sich.

§ 2: Keine Witze auf Kosten anderer. Ausnahme: Über Frau Niemeyer darf gelacht werden.

§ 3: Übungszeit: Mittwochs 17.00 Uhr. Ausnahme: Herr Deng darf sich ungestraft bis zu 15 Minuten verspäten.

§ 4: Tabuthemen: Napps Toupet, Weimers Spielfehler, Dengs Abneigung gegen Napp.

§ 5: Konkurrenz ist unerwünscht! Selbstprofilierung ebenfalls! Ausnahme: Weimer darf ungestraft mit seiner Vergangenheit als Solist protzen.

§ 6: Repertoire-Entscheidungen werden einstimmig gefällt. Ausnahme: Weimers „Nein" darf überhört werden.

§ 7: Konflikte werden sachlich ausgetragen."

15 Elke Naters, https://www.welt.de/vermischtes/plus232408761/ Beziehungen-Nur-unser-Kopf-verhindert-unendlich-geliebt-zu-werden.html; 19.7.2021.

16 Zit. in: https://bistummainz.de/organisation/bischof-kohlgraf/ aktuell/nachrichten/nachricht/Der-Hirte-muss-nicht-immer-nur-vor-der-Herde-laufen; 24.10.2021.

17 Erich Neumann, *Tiefenpsychologie und neue Ethik*, München 1964, S. 87.

18 Dietrich Dörner, *Die Logik des Misslingens. Strategisches Denken in komplexen Situationen*, Reinbek 1989.

19 Vgl. Eberhard Stahl, *Dynamik in Gruppen. Handbuch der Gruppenleitung*, Weinheim ⁴2017, S. 55–71.

20 NLP (Neuro-Linguistisches Programmieren), vgl. Robert Dilts, Deborah Bacon Dilts, Judith Delozier: NLP II – die neue Generation. Strukturen subjektiver Erfahrung. Übersetzt von Isolde Seidel. Paderborn 2013, 84 ff.

21 Vgl. https://lehrbuch-psychologie.springer.com/sites/default/ files/atoms/files/web-exkurs.008.05.pdf; Bruce Tuckmann sieht an dieser Stelle zwei Möglichkeiten: Entweder kommt es zu einer Phase der Unterbrechung bzw. der Auflösung der Gruppe oder es gelingt aus der Performance heraus sogleich die Transformation in einen neuen Anfang bzw. auf eine neue Ebene.

22 Eberhard Stahl, *Dynamik in Gruppen. Handbuch der Gruppen-leitung*, Weinheim ⁴2017; Stahl verwendet für diese Phase das Wort *Reforming*; vgl. S. 188 ff.

23 Zit. in: https://bbs.bistumlimburg.de/fileadmin/redaktion/Bereiche/bbs.bistumlimburg.de/Erfahrungen/Fahrrad-Spiritualitaet.pdf; 24.10.2021.

24 Regina Morgenstrahl, *Intuition. Theorie und praktische Anwendung*, Dissertation Universität Klagenfurt 2003, Norderstedt 2019.

25 Gregor der Große (ca. 540–604), *Dialoge* II, 10, 1 f., https://www.benediktinerinnen-bayern.de/benedikt/ii-buch-der-dialoge/10-kapitel; 22.8.2021.

26 Christa Wolf, *Kassandra*, Darmstadt ¹¹1984, S. 10.

27 Michael Ende, *Momo*, Stuttgart 1973, S. 37.

28 Michael Ende, *Tranquilla Trampeltreu*, Stuttgart 1982.

29 http://www.monksofkijonjo.com/monks/father-john-bosco; 31.8.2021.

30 Übersetzung: „Wir haben einen allmächtigen Vater im Himmel. Vertrau ihm und du wirst Wunder erfahren.
Liebe Schwester Emmanuela, Grüße des Friedens für das Neue Jahr! Vielen Dank, liebe Schwester, für deine kurze Notiz, deine Grüße und die Gebete, die ich sehr wertschätze. Herzlichen Glückwunsch zu deiner neuen Arbeit! Der Herr hat dir Talent gegeben, Menschen zu helfen auf ihrem Weg, nach Hause zu kommen zum Herzen des je anderen. Ich weiß, dass du Erfolg haben wirst, denn der Herr geht mit dir. Ich halte dich in meinen Gebeten und die Gemeinschaft, bei der du jetzt bist. Möge der Herr dir Freude und Liebe schenken, damit andere das Gesicht Gottes in dir sehen. Bete auch weiter für mich, bitte! Liebe und Gebet, M. Waldetrudis"

31 Rainer Maria Rilke, *Das Stundenbuch. Vom mönchischen Leben* (1899), Klassiker in neuer Rechtschreibung, Bd. 105, Berlin 2021, S. 9.